Otto Schiff

Studien zur Geschichte Papst Nikolaus IV.

Otto Schiff

Studien zur Geschichte Papst Nikolaus IV.

ISBN/EAN: 9783743321021

Hergestellt in Europa, USA, Kanada, Australien, Japan

Cover: Foto ©Thomas Meinert / pixelio.de

Manufactured and distributed by brebook publishing software (www.brebook.com)

Otto Schiff

Studien zur Geschichte Papst Nikolaus IV.

STUDIEN ZUR GESCHICHTE

PAPST NIKOLAUS' IV.

VON

OTTO SCHIFF
DR. PHIL.

BERLIN 1897
VERLAG VON E. EBERING.

Inhalt.

	Seite.
Vorwort	1
Einleitung	3
1. Persönlichkeit und politische Tendenzen Nikolaus' IV.	11
2. Die Politik der Kurie gegenüber Sizilien und Aragon.	17
3. Der Kampf um Istrien und die päpstliche Intervention.	57
Anhang: Die Sendung des Bischofs von Saragossa und des Abtes von Sinaqua im Sommer 1289.	75

Vorwort.

Es war ursprünglich meine Absicht, den gesamten Pontifikat Nikolaus' IV. darzustellen. Da jedoch zwei wichtige Seiten seiner Thätigkeit, seine Bemühungen um einen Kreuzzug und sein Verhalten in dem ungarischen Thronstreit, durch Röhricht, beziehungsweise durch Huber bereits erschöpfend behandelt sind, beschränkte ich mich auf die vorliegenden Studien.

Der zweite Abschnitt der Arbeit ist als Berliner Inaugural-Dissertation bereits erschienen.

Meinem hochverehrten Lehrer, Herrn Professor Dr. Scheffer-Boichorst in Berlin, spreche ich für die gütige Teilnahme, die er meiner Arbeit schenkte, meinen besten Dank aus. Ausserdem bin ich dem Vorstande der K. K. Hofbibliothek zu Wien für die Zusendung mehrerer Werke und meinem Freunde, Herrn cand. jur. A. Hartwig in Berlin, für seine sprachliche Unterstützung beim Studium spanischer Quellen zu lebhafter Erkenntlichkeit verpflichtet.

Berlin, April 1897.

Otto Schiff.

Einleitung.

Der Untergang der Staufer und die Uebertragung Siziliens an eine französische Dynastie bezeichnen den Zenith pontifikaler Machtentfaltung. Deutschland, durch das Interregnum gelähmt, schlechthin unfähig, italienische Politik im Stil der beiden Friedriche und Heinrichs VI. zu treiben; Frankreich, seit Jahrzehnten mit der Kirche eng verbündet; England, Sizilien, Aragon ihr lehns- und zinspflichtig — das ist das Bild der abendländischen Welt in jenen Tagen. So konnte die Kurie es wagen, die kühnsten Entwürfe wiederaufzunehmen, die der fruchtbare Geist Gregors VII. ersonnen hatte: Die Einfügung des byzantinischen Reichs in den kunstvoll gegliederten Bau der römischen Hierarchie und die Wiedereroberung Jerusalems.

Kein Ereignis hat mehr dazu beigetragen, diese Pläne zu vereiteln, als die sizilische Vesper. Die grosse Kreuzfahrt, von der noch Gregor X. geträumt, war nun in weite Ferne gerückt; denn Karl von Anjou und bald auch der König von Frankreich, die beide das Kreuz genommen, waren fortan mit den Kämpfen in Südeuropa vollauf beschäftigt. Die Aussicht auf die Wiederherstellung des lateinischen Kaisertums, ein Unternehmen, zu dem der regierende Papst Martin IV. sich der angiovinischen Macht hatte bedienen wollen, schwand für immer dahin. Auch der Gedanke, Burgund vom Reiche zu trennen und es dem Enkel Karls von

Anjou zu übertragen, blieb unausgeführt. Es galt alle Kräfte zusammenzuraffen, um das Wiedererstehen einer ghibellinischen Monarchie in Sizilien unter dem Hause Aragon, den Nachkommen Kaiser Friedrichs II., zu verhindern. Infolgedessen wurde Peter III. von Aragon abgesetzt, seine Krone dem französischen Königssohn Karl von Valois übertragen und dadurch Frankreich zu einem Angriffe auf Aragon bewogen. Der Zehnt, den das Konzil von Lyon für die Befreiung des heiligen Landes bewilligt hatte, wurde seiner Bestimmung entzogen und musste den beiden kapetingischen Fürsten die Mittel zum Kampf nicht gegen den Islam, sondern gegen katholische Nationen liefern. Darin zeigt sich am deutlichsten, welchen Umschwung in der päpstlichen Politik die Erhebung der Insel bewirkt hatte. Die Wiedereroberung Siziliens ist nunmehr das vornehmste Interesse der Kurie.

Von einem allgemeinen Kreuzzuge konnte vorläufig keine Rede sein. Dennoch verhandelte die Kurie unausgesetzt mit Eduard I. von England, dem einzigen, von dem in diesem Punkte etwas zu hoffen war.[1] Die unentbehrliche Voraussetzung jedes wirksamen Unternehmens im Orient war aber, das konnte sich niemand verhehlen, die Wiederherstellung des Friedens in Südeuropa.

Nur unter zwei Bedingungen war dieser Friede nach der damaligen Auffassung der Kurie möglich: Sizilien musste dem Anjou, Aragon dem Valois zufallen. Nie schienen beide Ziele so nahe, wie im Sommer 1285, als Philipp III. mit bedeutenden Streitkräften in Katalonien einfiel, um seinem Sohn das Königreich zu erobern und zugleich Sizilien des aragonischen Rückhalts zu berauben. Im Vertrauen auf Frankreichs Waffen lehnte der Papst noch am 5. August höflich,

---

1. Ueber diese Verhandlungen vgl. Röhricht, Der Untergang des Königreichs Jerusalem, p. 40—44.

aber bestimmt die angebotene Vermittlung des Königs von England ab.[1] Aber das gross angelegte Unternehmen endete mit schweren Niederlagen der Franzosen zu Lande und zur See. Dieser Misserfolg und die bald darauf eintretenden Thronwechsel in Frankreich und Aragon schufen eine ganz neue Situation; sie wirkten zusammen, der päpstlichen Politik eine veränderte Richtung zu geben: Honorius IV., der Nachfolger Martins, musste sich entschliessen, wenigstens auf Aragons Eroberung zu verzichten.[2] Es muss betont werden, dass die Niederlagen der Franzosen allein diesen Entschluss noch nicht hervorriefen. Honorius gab noch nachher Proben seines ungebrochenen Sinns. Als Eduard I. seine Vermittlung von neuem anbot und den Papst ersuchte, gleich den beteiligten Königen Gesandte zu den von ihm veranstalteten Friedenskonferenzen nach Bordeaux bis Sonntag vor Vincentii (=20. Januar 1286) zu senden, unterliess dies derselbe.[3] Am 1. März 1286 befahl der Legat in Frankreich, Johann Cholet, Kardinalpriester vom Titel der heiligen Cäcilia, die Kreuzpredigt gegen Aragon und am 30. April äusserte der Papst die Zuversicht, dass der neue König Philipp IV. von Frankreich die Politik seines Vaters gegenüber Aragon fortsetzen werde.[4]

In den ersten Tagen des Monats Mai muss er jedoch aus Frankreich Nachrichten erhalten haben, die diese Zuversicht Lügen straften; denn am 5. Mai forderte er Eduard I.

---

1. Prou, col. 938—939.
2. Vgl. Schirrmacher V 58.
3. Dies geht aus einem undatierten Briefe Eduards (Rymer 662) hervor, der zwischen dem Sonntag vor Vincentii und dem Beginn der Fastenzeit (27. Februar) geschrieben ist. Erst am 6. November verstand sich der Papst zur Sendung von Legaten (Prou 950).
4. Urkunde des Pariser Archivs vom 1. März, citiert von Prou LVII—LVIII. Urkunde vom 30. April bei Prou 392.

auf, bei seinem Friedenswerke zu beharren.¹ Offenbar hatte ihm Philipp, auf den er noch kürzlich gezählt hatte, zu verstehen gegeben, dass er, durch die üblen Erfahrungen seines Vaters belehrt, zu einer Verständigung mit Aragon entschlossen sei. Seit dem Moment, in dem Frankreich die Waffen niederlegte, liess die Kurie den einen Teil ihres Programmes, die Eroberung Aragons, notgedrungen fallen und verfolgte unentwegt ein neues Ziel: Den Separatfrieden mit Aragon. Ein solcher war durch den Tod Peters III. möglich geworden; denn dies Ereignis hatte die Personalunion seines Stammlandes mit Sizilien gelöst, da jenes dem Erstgeborenen Peters, Alfons III., die Insel dem zweiten Sohne, Jakob, zufiel. Die Grundlage des Separatfriedens sollte nach der Auffassung der Kurie sein, dass Alfons den Sizilianern seinen Beistand entziehe und den kriegsgefangenen Prinzen von Salerno, der durch Karls I. Tod zum Throne von Neapel berufen war, in Freiheit setze. Die Gegenleistung für diese Zugeständnisse sollte darin bestehen, dass Karl von Valois seinen Ansprüchen auf Aragon entsage. Von König Alfons mochte man umso eher hoffen, dass er der Kurie willfährig sei, da er sich einst gegen den Verdacht, er habe um seines Vaters sizilische Pläne gewusst, dem Papste gegenüber verwahrt hatte.²

Die Hoffnung der Kurie, sich mit Aragon zu einigen, ruhte auf der Vermittlung des Königs von England. Welche Beweggründe waren es nun, die diesen zum Eingreifen bestimmten?³

Er gab sich den Anschein, als sei es ihm nur darum zu thun, seinen teuren Vetter, den Prinzen von Salerno, aus

---

1. Rymer I ıı 653 (= Prou 920). Am 23. Mai hat der Papst nicht, wie Schirrm. V 57 sagt, Alfons exkommuniziert, sondern den Prozess vertagt (Prou 769 u. Raynaldi zu 1286, § 12.
2. Carini, Teil II 134.
3. Ueber Eduards wahre und vorgeschützte Absichten vgl. Amari II 194.

der Kriegsgefangenschaft zu befreien. In Wirklichkeit jedoch lieferte ihm die an ihn ergangene Aufforderung der provenzalischen Stände, ihnen den Landesherrn, die Bitte der Kinder des Prinzen, ihnen den Vater wiederzugeben,[1] nur einen erwünschten Vorwand. Seine Intervention erklärt sich vielmehr aus dem alten Gegensatze zwischen Frankreich und England, über den das äusserlich gute Einvernehmen der Könige Philipp und Eduard nicht hinwegtäuschen darf. Solange die Guyenne und die Gascogne englische Besitzungen waren, konnte ein aufrichtiges Freundschaftsverhältnis nicht aufkommen, fühlte sich jede der beiden Mächte gleichsam instinktiv zu den Gegnern der anderen hingezogen. So standen diesmal die englischen Sympathieen ganz auf aragonischer Seite, eine Thatsache, die in der Verlobung der Tochter König Eduards mit dem aragonischen Herrscher ihren Ausdruck fand. Den unvergleichlich günstigen Moment für den Abschluss eines dem Aragonier vorteilhaften Friedens wahrzunehmen und dadurch der Möglichkeit eines zweiten, vielleicht erfolgreicheren Einfalls der Franzosen in Aragon vorzubeugen — das waren die Motive der englischen Vermittlung. Ihre Aussichten waren die denkbar besten, nicht nur, weil die Höfe von Rom und Paris noch unter dem schmerzlichen Eindruck der Lektion standen, die ihnen auf den Schlachtfeldern Kataloniens erteilt worden war, sondern namentlich deshalb, weil gerade der König von England der |Kurie gegenüber mit grösserem Nachdruck auftreten konnte als irgend ein anderer Vermittler; denn der Papst hatte das lebhafteste Interesse daran, das gute Verhältnis mit dem einzigen Herrscher, von dem die Christen Palästinas thatkräftige Hilfe zu erwarten hatten, aufrecht zu erhalten. So übten die Kreuzzugspläne der Kurie eine bedeutsame Rückwirkung auf ihre Haltung in den südeuropäischen Verwicklungen aus.

---

1. Rymer 664.

Ein anderer Faktor, der in Anschlag gebracht werden muss, war die Persönlichkeit des Prinzen von Salerno. Seinem Vater, Karl I. von Anjou, weder an Härte noch an Kraft vergleichbar, war dieser, um frei zu werden und sein Erbe antreten zu können, zu jedem Opfer, auch zur Abtretung Siziliens und des erzbischöflichen Sprengels von Reggio, bereit. Schon zu Lebzeiten Peters III. hatte der Gefangene dem Infanten Jakob, dem designierten Erben Siziliens, die bezeichneten Gebiete im Vertrage von Cefalù,[1] abgetreten. Man rechnete auf die Wiederholung dieses Zugeständnisses.

König Eduard begann sein Werk, indem er einen Waffenstillstand zwischen Aragonien und Frankreich zu stande brachte.[2] Darauf verhandelte er mit Alfons von Aragonien über die Freilassung des Prinzen. Das Ergebnis war ein Vergleich, in dem König Alfons die Freilassung Karls, dieser die Abtretung Siziliens und Reggios und die Erwirkung der päpstlichen Sanktion für diesen Verzicht gelobte. Ausserdem sollte der Prinz die Kurie bestimmen, die Ernennung Karls von Valois zum König von Aragon zu widerrufen und die Zensuren gegen das aragonische Königshaus aufzuheben.

Offenbar überschritt dieser Vertrag die Linie, bis zu der Papst Honorius IV. zurückzuweichen gewillt war. Auf die Eroberung Aragons hatte er verzichtet, aber nur, um das isolierte Sizilien desto gewisser zu unterwerfen. Jetzt aber mutete man ihm zu, auch Sizilien, seit den Normannenzeiten das wichtigste Lehen der römischen Kirche, preiszugeben. Er verfuhr nur folgerichtig, als er im März 1287 den Vertrag kassierte.[3] König Eduard machte im Einverständnis mit der Kurie einen neuen Vermittlungsversuch. Die Verhandlungen führten erst nach Honorius' Tode und noch vor der Wahl Nikolaus' IV. zu dem Vertrage von Oléron, in dem die Frei-

---

1. Barth. de Neocastro 1114.
2. Im Juli 1286 (Rymer 668).
3. Prou nr. 811.

lassung des Prinzen vereinbart wurde. Der Prinz verpflichtete sich, drei seiner Söhne und 40 Söhne provenzalischer Edelleute und Bürger als Geiseln zu stellen, eine Kaution von 30000 Mark in barem Gelde, von 20000 in Schuldverschreibungen zu hinterlegen und die Stände der Provence schwören zu lassen, falls Karl den Vertrag breche, dem Könige von Aragon und seinen Erben als ihren Landesherrn zu gehorchen. Gegen diese Garantieen aus der Haft entlassen, habe der Prinz den Königen Alfons von Aragon und Jakob von Sizilien binnen einem Jahre für ihre sämtlichen Besitzungen einen dreijährigen Waffenstillstand und während des letzteren den endgiltigen Frieden zwischen ihnen, der Kurie und Frankreich zu erwirken: Bringe er den Waffenstillstand beziehungsweise den Frieden nicht innerhalb der gewährten Fristen zu stande, so habe er in die Haft zurückzukehren oder er unterliege der Strafe des Verfalls aller Pfänder.[1]

Die Unterzeichner des Oléroner Vertrages hatten offenbar aus dem Schicksal ihres früheren Abkommens die Lehre gezogen, dass derartig schwere Verwicklungen nicht mit einem Federstriche zu lösen sind. Sie begnügten sich diesmal Schritt für Schritt vorzugehen, sie nahmen zunächst die Freilassung, dann den Waffenstillstand, endlich den Frieden in Aussicht. Die Bedingungen des letzteren sind in dem Vertrage nicht vorgezeichnet: man überliess ihre Feststellung der Zukunft. Daher ist auch die Unabhängigkeit Siziliens in dem Vertrage nicht verbürgt. Aber mit Unrecht hat Amari aus dieser Lücke den Schluss gezogen, dass zu Oléron Aragonien die Sizilianer im Stiche zu lassen beginne. Auch die Anerkennung König Alfons' im Besitz des väterlichen Reiches ist ja nicht ausdrücklich ausbedungen! Weit begründeter wäre es, aus den im Vertrage angegebenen Bedingungen des Waffenstillstandes zu folgern, dass die vertragschliessenden

---

1. Rymer 677—678; vgl. Langl. 560.
2. Amari II 196.

Parteien in mündlicher Verabredung allerdings die Unabhängigkeit Siziliens vereinbarten; denn schwerlich hätte man Jakob den Besitz Siziliens auf die dreijährige Dauer des Waffenstillstandes gesichert, wenn man bereits einig war, ihn nach Ablauf der drei Jahre daraus zu vertreiben. Diese Vermutung wird dadurch gestützt, dass Alfons kurz nach der Uebereinkunft von Oléron seinem Bruder aufs Neue kräftigen Beistand versprach; Amari muss, um seine Auffassung zu retten, dies Versprechen für den Schachzug einer doppelzüngigen Politik erklären.[1] Auch sein Argument, Alfons habe Sizilien opfern müssen, da nur um diesen Preis die päpstliche Genehmigung für einen Frieden zu erlangen war, ist nicht stichhaltig; denn Honorius IV., der diesen Preis allerdings gefordert hatte, war tot, und die Möglichkeit nicht ausgeschlossen, dass das Kardinalkollegium oder der Nachfolger fügsamer sein werde.

Der erste der sich dem Vertrage feindlich gegenüberstellte, war der König von Frankreich. Sein Seneschall zu Beaucaire liess — unzweifelhaft auf Befehl seines Gebieters — einen Brief der in Oléron weilenden päpstlichen Legaten an das Kardinalkolleg auffangen und erbrechen.[2] Das zeigt zur Genüge, mit welchem Misstrauen der König jetzt alles betrachtete, was unter Mitwirkung Englands geschah.

Das Kardinalkolleg verwarf den Vertrag, sicherlich deshalb, weil er Jacobs Verzicht auf die Insel nicht enthielt.[3] Die endgiltige Entscheidung blieb dem künftigen Papste vorbehalten. Am 22. Februar 1288 wurde Hieronymus, Kardinalbischof von Palestrina, auf den apostolischen Stuhl erhoben.[4] Er nahm den Namen Nikolaus IV. an.

---

1. Amari II 193—194.
2. Langl. 6981.
3. a. a. O. 107.
4. Potthast p. 1826.

I.
Persönlichkeit und politische Tendenzen Nikolaus' IV.

Nikolaus IV. war kein stolzer römischer Nobile wie Nikolaus III., an den er durch die Wahl des Namens anknüpfte, sondern ein Schreiberssohn aus Ascoli in der Mark Ancona. Im Orden der Minderbrüder hatte er sich von Staffel zu Staffel emporgeschwungen; er war das erste Mitglied dieser Kongregation, das auf den Stuhl Petri gelangte. Nach einander bekleidete er die Würden eines Minoritenprovinzials für Dalmatien, eines Ordensgenerals, eines Kardinalpriesters [vom Titel der heiligen Pudentiana, endlich eines Kardinalbischofs von Palestrina. Auch zu wichtigen Gesandtschaften wurde er wiederholt erkoren. Gregor X. schickte ihn nach Konstantinopel, Johann XXI. zur Friedensstiftung zwischen Kastilien und Frankreich nach letzterem Lande, und nur der Tod hielt Nikolaus III. ab, den Kardinal an König Rudolf zu entsenden.[1]

---

[1] Vorleben des Papstes Nikolaus IV. bei Potthast p. 1826. Neue Urkunden darüber bei Kaltenbrunner 230 und Redlich 105. Den Stand seines Vaters nennt Jacob. Auriae 319. Die Ann. Mantuani allein nennen Gubbio seine Heimat, er selbst Ascoli (Langl. 2413). Eine Vita Nicolai schrieb im 16. Jahrhundert Hieronymus Rubeus, gut kommentiert von Antonius Matthaeus.

Gregorovius vermutet mit grosser Wahrscheinlichkeit, dass Hieronymus in Palestrina, dem Sitz der Colonna, seine engen Beziehungen zu diesem mächtigen ghibellinischen Geschlechte knüpfte und dass seine Erhebung ihr Werk war.¹ Dafür begünstigte sie der neue Papst, wie nur je ein hochgeborener römischer Bischof seine Nepoten. Er erhob Peter Colonna zum Kardinal; andere Mitglieder des Hauses wurden mit den Rektoraten in den päpstlichen Gebieten betraut: Landulf im Herzogtum Spoleto, Johann in der Mark Ancona, Stephan in der Romagna. Johann Colonna erlangte 1290 auch das Amt eines Senators von Rom. So nahm das Geschlecht eine unvergleichliche Machtstellung im Kirchenstaate ein.²

Von der Persönlichkeit Nikolaus' IV. lässt sich bei der Dürftigkeit der Chroniken, der formelhaften Fassung der Briefe nur schwer ein Bild gewinnen.

Auch seine Handlungen können nur in beschränktem Masse eine Richtschnur für die Beurteilung abgeben; man ist niemals sicher, ob Gedanke und Initiative ihm oder denen, die ihn beeinflussten, zuzuschreiben sei. Denn soviel steht fest, dass er fremden Einflüssen, zumal denen der Colonna, zugänglich, ja unterworfen war. Ein Spottbild, das in einer gegen den Papst gerichteten Schrift enthalten war, ist dafür bezeichnend: Da war Nikolaus in einer Säule steckend dargestellt, nur der mit der Mithra bedeckte Kopf schaute hervor. Die Säule ist natürlich eine Anspielung auf die Colonna. Die Lenkbarkeit und Unselbständigkeit des Papstes verrät einer seiner eigenen Briefe.³) Nach diesem Zeugnis bewilligte er im September 1288 die Forde-

---
1. Gregorovius V 486.
2. Landulfs Ernennung bei Langl. 6955, die übrigen Ernennungen behandelt Gregorovius V 486—488.
3. Langl. 615. Das Spottbild erwähnt Franc. Pipinus (Mur. IX 728).

rungen der französischen Gesandten nur unvollkommen; als sich die Gesandten aber die Fürsprache einiger einflussreicher Kardinäle sicherten und mit diesen grössere Zugeständnisse vereinbarten, gab der Papst nach und stiess seine erst vor 14 Tagen ausgesprochene Entscheidung um. Wie in diesem vereinzelten uns bekannten Falle mag es in vielen anderen ergangen sein.

Wie an Festigkeit gebrach es ihm an staatsmännischer Produktivität, ein Mangel, den er freilich mit den meisten Päpsten jener Zeit, Gregor X. und Nikolaus III. etwa ausgenommen, teilt. Nicht ein einziger Zug ist in seiner Politik zu entdecken, der nicht zu den überlieferten Grundsätzen der Kurie, gleichsam zu dem eisernen Bestande ihres politischen Systems, gehört hätte: Kampf gegen die sizilischen Ghibellinen, Separatfriede mit Aragon, Bündnis mit Frankreich, Verzögerung der Kaiserkrönung des deutschen Königs — das alles waren längst gesteckte Ziele.

Dagegen besass er mancherlei priesterliche und bürgerliche Tugenden: Er war ein frommer, harmloser und leutseliger Mann, der sich der ärmeren Geistlichen — wohl in Erinnerung der eigenen bescheidenen Herkunft — annahm und sie nach persönlichem Verdienst mit Pfründen ausstattete.[1] Auch durch Gelehrsamkeit zeichnete er sich aus; er soll sogar Doktor der Theologie gewesen sein.[2]

Mit der Lauterkeit des Charakters, die ihm nachgerühmt wird, vertrug es sich, geschworene Eide für null und nichtig zu erklären; aber auch das war eben überlieferte Politik, zu der er sich kraft seiner Macht, zu binden und zu lösen, vollberechtigt fühlte.

Sein Verhältnis zu dem Hause Colonna bedingte keineswegs eine ghibellinische Färbung seiner auswärtigen Politik. Denn erstens waren die alten Parteinamen, wenn auch noch

---

1. Cont. Brabant. 260.
2. Walter Hemmingford zum Jahre 1287.

nicht so gänzlich leerer Schall wie in späterer Zeit, doch auch schon damals ihrer Bedeutung zum Teil entkleidet,[1] und zweitens entsprach nach Rankes Ausdruck die örtliche Parteiung in diesem Falle wie in vielen anderen nicht den allgemeinen Weltverhältnissen.[2] Trotz seiner Freundschaft mit den Colonna bewährte Nikolaus in seiner auswärtigen Politik die Wahrheit jenes Wortes, das man Friedrich II. in den Mund gelegt hat: „Kein Papst kann Ghibelline sein!" Er unterstützte die Anjous gegen Sizilien wie in dem ungarischen Thronstreit.[3]

Seine Absicht ist nicht so ausschliesslich auf die Bekämpfung des sizilischen Aufstandes gerichtet, wie die Martins IV. und Honorius' IV. Neben diesem Ziele wird ein anderes ernstlicher ins Auge gefasst, als jemals seit Gregor X. Der Kreuzzug. In der That war er gerade unter dem Pontifikat Nikolaus' IV. notwendiger als seit Menschengedenken. Denn in diesen Jahren entschied sich für das Königreich Jerusalem oder vielmehr für die Trümmer dieses Staatsgebildes die Frage über Sein oder Nichtsein.[4]

Nach den beiden Katastrophen von Tripolis und Akkon sehen wir die päpstliche Kanzlei in fieberhafter Geschäftigkeit: Fürsten und Republiken wird die Sache des heiligen Landes ans Herz gelegt, Aufträge zur Kreuzpredigt erteilt, ja endlich mit dem englischen König der Termin des Auf-

---

1. Damals waren Persönlichkeiten möglich wie Graf Meinhard von Susinana, der nach Villani Bd. I 476 ein echter Ghibelline, aber dennoch ein geschworener Freund des von den Guelfen beherrschten Florenz war.
2. Ranke VIII 608.
3. Ueber letzteren handelt Huber, Studien zur Geschichte Ungarns.
4. Ueber Nikolaus' Verhalten in der Kreuzzugsangelegenheit handelt Röhricht in Forschungen XX und Mitteilungen des Oestreichischen Instituts XV erschöpfend. Gegen den Vorwurf, er habe das heilige Land vernachlässigt, verteidigte ihn Wilken.

bruchs nach Palästina auf den Johannistag des Jahres 1293 vereinbart. Auch blieb es nicht beim blossen Tinteverspritzen; zweimal wurden päpstliche Flottillen in die Gewässer des Orients entsandt; freilich ohne einen greifbaren Erfolg zu erzielen.

Die ernstere Verfolgung der Tendenzen Gregors X. kündigt sich auch darin an, dass die Kurie zwischen feindlichen katholischen Mächten Frieden zu stiften sucht: Die Darstellung wird zeigen, wie nicht nur der herkömmliche Anspruch Roms auf das oberste Schiedsrichteramt und die Sympathie für ein bedrängtes geistliches Stift, sondern in erster Reihe der Wunsch, die venezianische Seemacht für einen Kreuzzug verfügbar zu machen, den Papst antrieb, in dem Kriege um Istrien zwischen Venedig nud dem Patriarchen von Aquileja zu vermitteln.

Wie aber vertrugen sich diese den Frieden in der Christenheit fordernden Kreuzzugsbestrebungen mit der kriegerischen Politik gegen Sizilien? Offenbar besteht hier ein Widerspruch. Er bewirkte, dass die Kurie auf keines ihrer beiden Ziele mit unbeirrter Kraft losging. Sie entzieht Kreuzzugssteuern ihrer Bestimmung, um sie gegen Sizilien zu verwenden — aber als Frankreich sich erbietet, das wieder mit Sizilien unter einem Scepter vereinte Aragon nochmals anzugreifen, falls der Papst gegen Aragon das Kreuz predigen lasse, lehnt Nikolaus das Anerbieten ab und zwar mit der ausdrücklichen Begründung, die Kreuzpredigt gegen ein christliches Volk würde den Kreuzzugseifer Eduards von England beeinträchtigen.[1] So lähmt die Rücksicht auf Palästina das Vorgehen des Papstes gegen Siziliens Verbündete, wie der Krieg in Südeuropa eine gemeinsame Aktion der Mächte gegen den Islam hindert. In diesen Widersprüchen scheint uns das Gepräge der Politik Nikolaus' IV. zu bestehen.

---

1. Langl. 6849 (= Raynaldi zu 1291, § 56—57).

Es entsprach den Traditionen des apostolischen Stuhls, wenn Nikolaus IV. die Freundschaft mit Frankreich aufrecht erhielt; aber im Grunde war das Verhältnis bereits untergraben. Wie sein Vorgänger Honorius IV., hat sich der Papst unausgesetzt über Gewaltthaten der französischen Krone gegen geistliche Stifter zu beklagen.[1] Nur das Interesse an der Erhaltung des Einvernehmens mit Frankreich bestimmte die Kurie sich mit Beschwerden zu begnügen. Es brauchte nur an die Stelle des Minoriten von Ascoli eine Persönlichkeit zu treten, die derartige Rücksichten nicht mehr nahm — eine Persönlichkeit wie Bonifaz VIII. — und der Bruch trat ein. Dann sollte sich zeigen, dass die Zeit erfüllt war für die Katastrophe von Anagni.

---

1. a. a. O. 252—254; 279—283; 710—711; 736—738; 825; 1176—1177; 4296; 7394—7396. Raynaldi zu 1289, § 41—42, zu 1290 § 28—32.

II.
Die Politik der Kurie gegenüber Sizilien und Aragon.

An der Schwelle seines Pontifikats sah sich Nikolaus IV. vor die folgenschwere Wahl gestellt, ob er den Vertrag von Oléron genehmigen oder seine durch das Kardinalskolleg ausgesprochene Kassation wiederholen solle. Das Haus Anjou wünschte die Vollziehung des Vertrages; schon bat die Gattin des Prinzen von Salerno, Maria von Ungarn, den Papst um ein Darlehen, wohl um die Kaution aufzubringen. Aber Nikolaus war entschlossen, in der sizilisch-aragonischen Frage an dem Programm seines Vorgängers festzuhalten. Er beschied die Prinzessin abschlägig mit der Begründung, der Vertrag sei unannehmbar.[1] Am 15. März befahl er den päpstlichen Legaten in Oléron, den Erzbischöfen von Ravenna und Monreale, die Konvention abzulehnen.[2] Zugleich erging an König Alfons der Befehl, seinen Gefangenen bedingungslos freizugeben, den Sizilianern jeden Beistand zu entziehen und binnen 6 Monaten vor dem Richterstuhl des Papstes zu erscheinen.[3] Den beiden Erzbischöfen wurde

---
1. Langl. 560.
2. a. a. O. 562.
3. a. a. O. 565; 566.

als dritter Legat der Predigermönch Rayner von Viterbo beigegeben.

Die Forderungen, die der Papst an Alfons stellte, fanden, wie vorauszusehen war, keinerlei Beachtung. Vielmehr beharrte der Aragonese bei der Erklärung, er sei nur unter den Bedingungen von Oléron zur Entlassung des Prinzen bereit.[2] Der Gegensatz zwischen den Forderungen beider Teile war demnach so schroff als je. Unter diesen Umständen sah der Papst den einzigen Ausweg darin, die englische Vermittlung, obwohl deren Ergebnisse die Kurie bisher so wenig befriedigt hatten, nochmals anzurufen. Er ersuchte König Eduard, sein Friedenswerk wiederaufzunehmen,[3] worauf dieser bereitwillig einging.

Gegen die Sizilianer und ihren König Jakob erliess Nikolaus am Gründonnerstage und am Himmelfahrtsfeste Prozesse, jedoch waren diese nicht wie die von Honorius IV. erlassenen zugleich gegen Konstanze, die Witwe König Peters III., gerichtet. Augenscheinlich war es der Tochter Manfreds gelungen, vom Banne gelöst zu werden. Bald nennt sie der Pontifex wieder seine „geliebte Tochter in Christo."[4]

Mit den exkommunizierten Sizilianern war jeder Verkehr untersagt; eine Ausnahme von diesem Verbote machte Nikolaus zu Gunsten der Genuesen und im folgenden Jahre auch der Venezianer.[5]

Wohl infolge des Prozesses vom Himmelfahrtstage sandte Jakob von Sizilien im Juni Botschafter nach Rom; der Papst, der in Rieti residierte, wies den Senator von Rom, Berthold

---

1. a. a. O. 570.
2. Rymer 683.
3. Langl. 568.
4. a. a. O. 559; 597; 3867; der letzte Prozess Honorius' IV bei Prou 807. Später muss sie nochmals exkommuniziert worden sein.
5. Langl. 75; 76; 1398; 1462.

Orsini, an. sie sofort zu ihm zu schicken.¹ Zu einer Verständigung kam es jedoch nicht; vielmehr suchte die Kurie neue Geldmittel zum Kampfe gegen Sizilien aufzubringen. Papst Martin IV. hatte Karl I. von Anjou einen dreijährigen Zehnten auf die Einkünfte der gesamten italienischen Geistlichkeit bewilligt; sein Nachfolger Honorius bestimmte, die Erhebung dieser Auflage solle Johanni 1285 beginnen.² Die drei Jahre liefen also Johanni 1288 ab. Von den Erträgen war ein beträchtlicher Teil bereits im voraus verbraucht; denn Honorius hatte sie einer Reihe von Kaufmannsgesellschaften in Florenz, Lucca und Siena verpfändet, die den Verwesern des augenblicklich herrenlosen Königreichs Neapel, dem Kardinalbischof Gerhard von der Sabina und dem Grafen Robert von Artois, grosse Summen vorgestreckt hatten. Diese Bankiers, die „Kaufleute der apostolischen Kammer", mussten jetzt befriedigt werden³; da der Rest der Zehnterträge für die Rüstungen nicht ausreichte, wurde der Geistlichkeit des Königreichs am 21. August ein einjähriger Zehnt auferlegt.⁴

Inzwischen hatte die päpstliche Diplomatie eifrig daran gearbeitet, eine Lage auszubeuten, die Aragonien entweder zur Nachgiebigkeit bei den schwebenden Verhandlungen nötigen oder es in einen gefährlichen Krieg mit zwei Nachbarstaaten stürzen musste. Die Kurie hatte nämlich die ohne ihr Zuthun erfolgte Annäherung zwischen Kastilien und Frankreich benützt und dazu beigetragen, dass im Juli 1288 beide Staaten ein Bündnis gegen Aragon abschlossen.⁵

Dass auch Kastilien in die südeuropäische Verwicklung

---

1. Langl. 7050.
2. Prou 12; 36.
3. Langl. 96—105; 7108—7113; 7199—7201.
4. Langl. 617—618.
5. Eine ausführliche Darstellung der folgenden Ereignisse bei Schirrmacher, IV 580—597; 640—658; V 65—66.

verflochten wurde, hatte folgende Gründe: Sancho IV., der zweite Sohn Alfons' X., war seinem Vater 1284 in der Regierung Kastiliens gefolgt, obwohl der früh verstorbene Don Ferdinand de la Cerda, der Erstgeborene Alfons' X., aus seiner Ehe mit Blanca von Frankreich zwei Söhne, Alfons und Ferdinand, hinterlassen hatte. Schon zu Lebzeiten des alten Königs hatte die Erbfolgefrage die schwersten Unruhen heraufbeschworen. Für Don Alfons de la Cerda trat sein Oheim, Philipp III. von Frankreich, und diesem zu Gefallen die Kurie ein. So war Kastilien in eine gefährdete Lage versetzt, bei der viel auf die Haltung Aragons ankam, um so mehr, als die Infanten de la Cerda von ihrer Grossmutter, einer aragonischen Prinzessin, unter die Obhut Peters III. gestellt worden waren. Für diesen waren die Infanten ein erwünschtes Mittel, um Don Sancho an sich zu fesseln. Peter konnte jederzeit die Prätendenten freilassen, ihre Thronansprüche begünstigen, mit den unzufriedenen kastilischen Baronen Verbindungen anknüpfen. Um dem vorzubeugen, suchte Sancho die Freundschaft Aragons. Noch ein zweiter Umstand wirkte auf eine Annäherung der beiden spanischen Reiche: Der Gegensatz zu Frankreich, in dem Kastilien bereits stand und auf den Peter III., der schon die Eroberung Siziliens plante, sich gefasst machte. So kam es 1281 zu dem Bündnis von Campillo. Allein zwei Beweggründe trieben Sancho in der Folge von der aragonischen auf die französische Seite hinüber. Aragon weigerte sich, die Prätendenten auszuliefern, und Sancho hoffte, den einst verweigerten päpstlichen Dispens für seine Ehe mit Maria de Molina, dessen er im Interesse der Legitimität seines 1285 geborenen Sohnes bedurfte, am sichersten durch die Fürsprache des neuen Königs von Frankreich zu erlangen. Infolgedessen bot er Philipp IV. ein Bündnis an, jedoch zerschlugen sich die Unterhandlungen. Im Februar 1288 wurden sie wieder aufgenommen, ohne dass man mit Sicherheit erkennen könnte, wer diesmal die

Anregung gab. Die Kurie beauftragte den Legaten in Frankreich, Johann Cholet, Kardinalpriester vom Titel der heiligen Cäcilia, an den Verhandlungen teilzunehmen. Sie führten zu dem Bündnisvertrage von Lyon. Frankreich und Kastilien sagten einander Hilfe gegen Aragon zu; die Infanten de la Cerda sollten für ihre Thronansprüche durch das Königreich Murcia als kastilisches Lehen entschädigt werden, König Philipp seinem Bundesgenossen den päpstlichen Dispens erwirken. Die Ratifikation des Vertrages sollte erst im Mai 1289 bei einer persönlichen Zusammenkunft der Könige erfolgen.[1]

Dass die Kurie dies kriegerische Bündnis betrieb, widerspricht ihrer Absicht, mit Aragon Frieden zu schliessen, keineswegs. Das Bündnis war von der Kurie in erster Reihe als drohende Demonstration gedacht, die Aragon bewegen sollte, den Prinzen unter milderen Bedingungen freizulassen und Sizilien preiszugeben.[2] Hätte der Papst einen Angriff auf Aragon gewünscht, so hätte er dem kastilischen König nicht, wie er bald darauf that, den erbetenen Dispens noch vorenthalten.[3]

Dagegen trat Philipp IV. unverkennber aus seiner bisherigen Zurückhaltnng heraus; durch die Verbindung mit Kastilien wurde seine Stellung derart gestärkt, dass er die aragonischen Eroberungspläne seines Vaters wiederaufzunehmen wagte. Wie sollte Aragon, im Norden von den Franzosen, im Süden von den Kastilianern angegriffen, zum Widerstande fähig sein? Die finanziellen Mittel, die der Krieg erforderte, sollte die Kurie in Form eines Zehnten gewähren. Der Archidiakon Simon von Reims, der Kanonikus Robert von Paris und der Templer Arnulf gingen im Auf-

---

1. Ueber den Lyoner Vertrag: Zurita I 325—326; Cronica 79.
2. Ebenso Amari II 197 mit Bezug auf eine andere scheinbar kriegerische Massregel, eine spätere Zehntbewilligung an Karl II.
3. Langl. 1663; vgl. Schirrmacher IV 660—661.

trage König Philipps nach Rieti und baten den Papst, ihrem Herrn einen Zehnten zum Kriege gegen Aragon zu bewilligen. Der vierjährige Zeitraum, während dessen der einst Philipp III. gewährte Zehnt erhoben wurde, lief 1288 ab; der neue Zehnt sollte also eine Verlängerung des alten sein.

Nikolaus zauderte eine Zeit lang, aber endlich entschloss er sich im September, dem König von Johanni 1289 ab einen Zehnten auf zwei Jahre zu bewilligen.[1] Die Bewilligung zeigt gegenüber der Bitte einen formalen Unterschied, der Beachtung verdient. Philipp hatte den Zehnt für das „aragonische Geschäft" gefordert, der Papst gewährte ihn für das „aragonisch-sizilische Geschäft, das wir gewissermassen für ein einziges ansehen." Man darf annehmen, dass der Papst in der Hoffnung auf einen Frieden mit Aragon, dessen voraussichtlichen Abschluss er in demselben Briefe erwähnt, sich durch jene Wendung Philipps Beistand gegen Sizilien, den wahren Gegenstand seiner Eroberungspläne, sichern wollte. Die französischen Gesandten begnügten sich mit dem Erreichten nicht; sie wandten sich an einige einflussreiche Kardinäle, zogen sie auf ihre Seite und vereinbarten mit ihnen neue Vorschläge, denen der lenkbare Papst seine Zustimmung nicht versagte. Philipp erhielt den Zehnten auf drei Jahre, nicht nur in seinem Reiche, sondern auch in den burgundischen Kirchenprovinzen Lyon, Vienne, Tarantaise, Embrun und den deutschen Sprengeln Lüttich, Metz, Verdun und Toul. Vom Ertrage behielt sich die römische Kirche 200 000 Tourser Pfund vor.[2] Später ersuchte Philipp den Papst, die Termine für die Ablieferung der einzelnen Raten dieser Summe um einige Monate hinauszuschieben und statt der Erzbistümer Embrun und Tarantaise den Sprengel von Cambrai dem Zehnten zu

---

1. Langl. 613; vgl. Prou 395; 399 und Gottlob 132.
2. Langl. 615.

unterwerfen. Auch diese Wünsche wurden erfüllt.[1] Die Besteuerung deutscher und burgundischer Sprengel zu Gunsten des französischen Königs rief, wie schon im Jahre 1285, den Widerspruch Rudolfs I. von Habsburg hervor; der Papst antwortete ihm mit der tragikomischen Zumutung, er möge es mit der „Bereitwilligkeit eines ergebenen Sohnes" der Kirche zu Liebe dulden.[2] Der Papst und seine Ratgeber verrechneten sich nicht: Rudolf duldete und schwieg. Um die Behandlung, die Deutschland widerfuhr, recht zu würdigen, vergegenwärtige man sich, dass die Kurie selbst Schottland grössere Rücksicht zeigte; denn als die schottischen Zehnterträge Eduard I. von England bewilligt wurden, machte man wenigstens die Zustimmung des Königs von Schottland zur Vorbedingung.[3]

Während die Kurie Frankreich finanziell unterstützte und im Einvernehmen mit Karl Martell, dem Erstgeborenen des Prinzen von Salerno, und den beiden Reichsverwesern König Philipp zu einem Bunde mit Genua gegen Sizilien zuredete,[4] äusserste das Lyoner Bündnis die stärkste Wirkung auf die aragonische Politik. Alfons sah sich veranlasst, dem zum Aufruhr geneigten kastilischen Geschlecht der Haro seinen Beistand gegen König Sancho zu gewähren, dem Infanten Alfons de la Cerda die Freiheit zu schenken und ihn zum König von Kastilien krönen zu lassen. Infolgedessen flammte die Empörung in Vizcaya auf und band König Sancho die Hände.[5] Von dieser Seite hatte Aragonien also vorläufig nichts zu befürchten. Dagegen erregte das Gerücht, dass Frankreich sich zu einem neuen Einfall

---

1. a. a. O. 1005.
2. Langl. 4312.
3. Rymer I Teil II 642.
4. Langl. 7178.
5. Cronica (Bibl. Esp. T. 66 p. 79—80). Zurita I 329 giebt das Datum der Krönung (Septemb.).

rüste, die schwerste Beunruhigung.[1] Daher entschloss sich Alfons zur Freilassung des Prinzen von Salerno.

Am 28. Oktober 1288 wurde zwischen Alfons und dem Prinzen unter englischer Vermittlung und im Beisein von Vertretern der Provence der Vertrag von Campfranch geschlossen.[2] Er kündigte sich ausdrücklich als eine Wiederholung des Abkommens von Oléron, nur mit einer Anzahl Abweichungen, an. Der Prinz wurde sofort in Freiheit gesetzt, nachdem seine Söhne Ludwig und Robert, ein Barbetrag von 23000 Mark und Schuldverschreibungen über 40000 dem Aragonier übergeben worden waren. Binnen drei Monaten sollten weitere 7000 Mark baar gezahlt werden; für diese Summe verpfändete der Vizegraf Gaston von Béarn, König Eduards Vasall, seine katalonischen Besitzungen. Nach dem Oléroner Vertrage sollte noch ein dritter Sohn des Prinzen mit 40 jungen Provençalen als Geiseln gestellt, den Ständen der Provence ein Schwur abgenommen worden; bis zur Erfüllung dieser Bedingungen übergab Eduard 76 seiner Untertanen als vorläufige Bürgen. Die Hauptbedingungen von Oléron blieben bestehen: Der Prinz sollte binnen einem Jahre einen dreijährigen Waffenstillstand nicht nur für Aragon, sondern auch für Sizilien[3] und während des Waffenstillstandes den Frieden von der Kurie, Frankreich und dem Prätendenten Karl von Valois erwirken oder in die Haft zurückkehren; unterlasse er beides, so seien die Pfänder einschliesslich der Provence Alfons verfallen. Bezüglich der Stadt Marseille wurde eine besondere Bestimmung getroffen; da sie sich

---

1. Barth. de Neocastro (Mur. 13 p. 1143).
2. Rymer 687—690. Der Ort wird auch „Canfranc" geschrieben.
3. Trotzdem ist Amari (II 199) erstaunt, dass Alfons am 4. Januar 1290 versichert, der Vertrag annullire keineswegs den von Oléron und verpflichte den Prinzen, auch Jakob von Sizilien den Frieden zu erwirken.

nach dem Oléroner Vertrage geweigert hatte, Syndici zur Leistung des Schwurs vor Alfons zu ermächtigen,[1] versprach der Prinz, im Falle einer nochmaligen Weigerung 20 Geiseln aus der Marseiller Bürgerschaft zu stellen. Endlich garantierten eine Reihe aragonischer und aquitanischer Städte den Vertrag.

Zeichen eines Abfalls der Aragonesen von der sizilischen Sache wird man in den angeführten Vereinbarungen so wenig entdecken können, wie in denen von Oléron, die ja ihre Grundlage bilden; ein sizilianischer Zeitgenosse betont sogar ausdrücklich, der Prinz sei unbeschadet des Vertrages von Cefalu,[2] der Jakob die Insel sicherte, in Freiheit gesetzt worden.

Wenn der aragonische Herrscher und sein englischer Beschützer es für thunlich hielten, den Prinzen auf Grund eines Vertrages freizulassen, den die Kurie schon einmal verworfen hatte, so erklärt sich das aus der hohen Vorstellung, die sie von dem persönlichen Einflusse Karls von Salerno auf seinen Vetter von Frankreich und auf die Kurie hegten. Sie hofften, er werde beide für den Vertrag gewinnen. Seiner selbst glaubten sie völlig sicher zu sein, da Alfons seine Söhne in der Hand hatte. — Prinz Karl begab sich zunächst in sein mütterliches Erbland, die Provence, und nahm seinen Aufenthalt in Marseille. Von hier aus bat er die Gemeinde Brescia um ein Darlehn zur Erfüllung seiner Verbindlichkeiten gegen Alfons von Aragon; in der That sandten ihm die Brescianer im folgenden Jahre

---

1. Zurita I 327.
2. „nihilominus pactis et conditionibus factis per illustrem regem Jacobum . . . in suo loco servatis". (Barth. de Neocastro (Mur. 13, 1143). Einen anderen Vertrag als den von Cefalu hatte Jakob überhaupt nicht abgeschlossen. — Amari dehnt seine irrige Auffassung des Oléroner Vertrages auf den von Campfranch aus!

einen Betrag von 2000 Gulden.¹ Als derselbe in seine Hände gelangte, hatte er indessen die rückständigen 7000 Mark bereits innerhalb der festgesetzten Frist getilgt.² Zwanzig Geiseln aus Marseille wurden nach Aragonien geschickt.³ Auch die übrigen provençalischen Geiseln müssen rechtzeitig in Alfons' Hände gelangt sein, da dieser König Eduard aller geleisteten Bürgschaften entband.⁴ Karls Verfahren schliesst jeden Zweifel daran aus, dass er ursprünglich den ernsten Willen besass, seine beschworenen Verpflichtungen zu erfüllen.

Von Marseille aus unternahm er im Januar 1289⁵ einen Abstecher nach Paris, um Philipp IV. zur Anerkennung des Vertrages und Karl von Valois zum Verzicht auf Aragonien zu bestimmen.⁶ Aber der Einfluss des Prinzen von Salerno erwies sich als zu schwach. Philipp verwarf den Vertrag, der dem capetingischen Hause nicht einmal eine Entschädigung für den Verzicht auf Aragon in Aussicht stellte.

Unverrichteter Sache verliess der Prinz Paris und kehrte in die Provence zurück. Im Frühjahr trat er die Reise an den päpstlichen Hof an. Ende April erreichte er Genua, Anfang Mai Florenz, noch im Laufe dieses Monats Rieti, den Sitz Nicolaus' IV.⁷ Am Pfingstsonntage empfing der Prinz in der Kirche von Rieti die väterliche Krone.⁸ Er leistete dem Papste die Huldigung und denselben Eid,⁹

---

1. Jac. Malvec. (Mur. 14, 954—956).
2. Urkunde vom 9. März 1289 bei Rymer 706.
3. Rymer 706.
4. a. a. O. 706.
5. vgl. Bréquigny VII 303.
6. Brief vom 1. Nov. 1289 bei Rymer 717; Villani I 454.
7. Jac. Auriae (M.G. 18, 325); Villani I 457.
8. Brief Karls vom 29. Mai 1289 bei Jac. Malvec. (Mur., 14, 956—957). Langl. 1181. Bericht eines Augenzeugen im Memoriale potest. Regin. (Mur. 8, 1171).
9. Raynaldi zu 1289, § 2—11 (= Langl. 1214).

den einst sein Vater Clemens IV. geschworen, jedoch mit
einem bedeutungsvollen Zusatz: Karl II. gelobte, dass weder
er noch seine Erben jemals das Amt eines Senators, Rektors,
Podestas oder Capitanos im Kirchenstaat bekleiden würden.
Indem Nikolaus diese Bestimmung in den Lehnseid aufnahm,
stellte er sich auf den Boden der berühmten Konstitution
Nikolaus' III., die alle Könige, Fürsten und mächtigen
Edeln von den genannten Aemtern ausschloss.[1]

Zu den Verpflichtungen des jeweiligen Königs von
Sizilien gegenüber seinem päpstlichen Lehensherrn gehörte
ein Jahreszins ven 8000 Unzen Gold. Der Abfall Siziliens
und die kostspieligen Kriege, die diesem Ereignis folgten,
hatten die Finanzen der Anjous derart erschöpft, dass sie
in den letzten fünf Jahren der Kurie diesen Tribut nie zu
zahlen vermocht hatten. Jetzt konnte König Karl den Zins
zweier Jahre erstatten, erhielt aber den Rest der Rückstände
sowie den demnächst fälligen Zins bis 1290 gestundet.[2]

Der eigentliche Zweck seines Aufenthaltes in Rieti war,
die päpstliche Genehmigung für den Vertrag von Campfranch
zu gewinnen. Karl fand an der Kurie eine aragonische Gesandtschaft,[3] die Alfons unmittelbar nach der Freilassung
seines Gefangenen abgeordnet hatte. Auf der Reise durch
französisches Gebiet wurden die Gesandten auf Befehl
Philipps IV. trotz des päpstlichen Geleitsbriefes gefangen
gesetzt; sie kauften sich los, mit Ausnahme Gilberts von
Cruyllas, der Jahre lang in Haft blieb, so sehr Nikolaus
sich bemühte, seine Freilassung zu erwirken. Die Uebrigen
gelangten nach Rieti und baten um die Bestätigung des

---

1. Raynaldi zu 1278, § 74—75; vgl. Gregorovius V 462.
2. Langl. 2249—50.
3. Ueber die Gesandtschaft: Brief vom 24. Novemb. 1289
bei Rymer I II 722; Langl. 971, 7389, 638—644; Raynaldi zu
1288, § 14 bezieht fälschlich hierauf, was Jordanus (Paulinus)
von einer an Honorius IV. geschickten Gesandtschaft erzählt.
Vgl. Prou 810.

Vertrages von Campfranch; zugleich kündigten sie an, ihr König wolle vor dem Pontifex erscheinen, und erbaten sicheres Geleit für ihn. Allein der Papst oder die Männer, die ihn beherrschten, fanden den Vertrag ebenso unannehmbar wie einst den von Oléron; überdies war die Anerkennung von päpstlicher Seite ja wirkungslos, solange Philipp von Frankreich die Thronansprüche seines Bruders Karl von Valois aufrecht erhielt. Vermutlich hat Philipp auch das Seinige gethan, um die Kurie in ihrer Weigerung zu bestärken, gleichwie er sich bemühte, die Erteilung des päpstlichen Dispenses für die geplante Ehe des aragonischen Königs mit Leonore von England zu hintertreiben.[1] Bereits am 7. April befahl der Papst dem Aragonesen unter Androhung der Exkommunikation Geiseln und Pfänder bis zum 1. September herauszugeben.[2]

Das Schicksal des Vertrages war also schon entschieden, als Karl in Rieti eintraf. Er selbst hat eine Aenderung des päpstlichen Entschlusses nicht herbeigeführt; die Frage ist nur, ob er, seiner Versprechungen eingedenk, wenigstens versucht hat, das Haupt der Kirche umzustimmen, oder ob er leichten Herzens Eid und Pflicht vergass. Alfons von Aragon warf ihm in begreiflicher Entrüstung über sein späteres Verhalten vor, er habe die Macht, jedoch nicht den Willen besessen, die Annahme des Vertrages bei der Kurie durchzusetzen.[3] Karl selbst dagegen behauptete, die aragonischen Gesandten nach Kräften unterstützt zu haben.[4] Trotz der unleugbar apologetischen Tendenz, die in diesen Worten zum Ausdruck kam, werden wir ihnen Glauben schenken dürfen, da Karl ja seinen Vorsatz, an dem Vertrage festzuhalten, bereits durch unzweideutige Proben be-

---

1. Langl. 1005.
2. a. a. O. 2171.
3. Rymer 724.
4. Brief vom 1. November 1289 bei Rymer 718.

thätigt hatte. Auch die ablehnende Haltung Frankreichs scheint ihn darin nicht beirrt zu haben; denn die Auslieferung der Marseiller Geiseln an König Alfons, also die treue Erfüllung einer Vertragsbestimmung, fand erst nach der Pariser Reise des Anjous statt.[1] Erst in Rieti änderte Karl seinen Sinn, entschloss er sich zum offenen Vertragsbruch. Bald sehen wir ihn in vollem Kampfe gegen König Jakob von Sizilien, dem er nach dem Wortlaut der Verträge von Oléron und Campfranch einen Waffenstillstand zu erwirken verpflichtet war, und in Friedensverhandlungen auf gänzlich neuer Grundlage mit Aragon. Dieses Ergebnis entsprach so vollständig dem längst verfolgten Programm der päpstlichen Politik, dass der letzte Zweifel schwindet, wer den Vertragsbruch bewirkt hat. Sicherlich bot die Kurie ihren ganzen politischen und moralischen Einfluss auf, um Karl II. für ihre Pläne zu gewinnen. Letztere aber waren friedlich nur gegenüber Aragon, kriegerisch gegenüber Sizilien. Der Kampf gegen König Jakob schien jetzt notwendiger als je: denn er war weitblickend genug gewesen, um noch vor Karls Ankunft in Rieti, vermutlich infolge der ablehnenden Haltung Philipps von Frankreich oder des Misserfolges der aragonischen Gesandtschaft beim Papste, jede Hoffnung auf die Erfüllung des Vertrages aufzugeben und dem Schwert allein zu vertrauen. Daher war er am 15. April zu einem Eroberungszuge aufgebrochen, auf dem er eine grosse Anzahl kala-

---

1. Am 24. Januar urkundete Karl in Paris (Bréquigny VII 303); am 9. März bestätigte Alfons den Empfang der Geiseln (Rymer 706). Nach Muntaner II 33 gab Philipp IV. Karl Geld und Truppen und zwar zum Entsatze Gaëtas, das in Wahrheit damals noch gar nicht belagert war. Am 24. Nov. sagt Alfons selbst, seine Gesandten hätten in Rieti „similiter cum dicto principe (Salernitano) et etiam sine eo" um Frieden gebeten Rymer 722).

brischer Küstenstädte gewann.¹ Angesichts dieser bedrohlichen Fortschritte des Gegners wünschte die Kurie, König Karl möge sich mit ihrer finanziellen Unterstützung auf die Sizilianer stürzen, ohne den durch die Verträge gebotenen Abschluss eines Waffenstillstandes auch nur zu versuchen. Beredter als das spitzfindigste Argument sprach für das päpstliche Ansinnen König Karls eigenes Interesse; man forderte ja nichts von ihm, als dass er den dargebotenen Beistand zur Eroberung der Insel annehme, von deren Besitz seine Stellung in Italien und seine Seemacht abhing.

Neben der Stimme des Interesses mochte auch die des Gewissens in Karls Brust ertönen; war er doch nach dem einstimmigen Zeugnis selbst der katalanischen und sizilischen Chronisten ein Muster von Gottesfurcht und Friedfertigkeit.² Aber der Nachfolger Petri beschwichtigte alle Gewissenskrupel durch ein wirksames Mittel: Er entband den König der Eide, die er dem Aragonier geschworen, und erklärte den Vertrag von Campfranch für rechtswidrig. Den Kanonisten der Kurie fiel die Aufgabe zu, diesem Verfahren vor dem Auge der Welt das Mäntelchen des Rechtes umzuhängen; sie stützten sich vorzugsweise darauf, dass die Versprechungen eines Gefangenen an sich keine Rechtskraft besässen, dass Karl nicht befugt gewesen sei, sich im Namen der Kurie und Frankreichs zur Aufrichtung eines Waffenstillstandes zu verpflichten, dass nach gemeinem Rechte nicht einmal der Verfall verpfändeter Sachen, geschweige denn verpfändeter Personen zulässig sei, dass endlich Papst Honorius IV. den Abschluss ähnlicher Verträge, wie des von ihm kassierten, ein für alle Male untersagt habe. Auch von der Verpflichtung, in die Haft zurückzukehren, wurde

---

1. Barth. de Neocastro 1144—49).
2. Barth. de Neocastro 1160. Gesta comit. Barcinon. 572; Muntaner II 31—32. Wir benutzen letzteren nur in der deutschen Uebersetzung von K. Lanz.

der Prinz ausdrücklich losgesprochen. Die Eide der Provençalen und Eduards von England wurden gleichfalls gelöst.[1] Nachdem König Karl für die Absichten der Kurie gewonnen worden war, gewährte ihm der Papst zum Kampfe gegen die Sizilianer auf 3 Jahre die Erträge des Zehnten in ganz Italien, mit Ausnahme des römischen und der suburbikarischen Sprengel, und in den provençalischen und burgundischen Kirchenprovinzen Aix, Arles, Embrun, Tarantaise, mit Ausnahme der päpstlichen Grafschaft Venaissin und der Besitzungen des Königs von Frankreich.[2]

Zugleich wurde ein Friedensvertrag entworfen, der Alfons von Aragonien vorgelegt werden sollte. Es entsprach der Sachlage, dass der Entwurf auf den alten Forderungen des apostolischen Stuhls beruhte, dass er Jakobs Verzicht auf Sizilien forderte.[3] Das aragonische Haus sollte gänzlich von dem Inselvolke getrennt werden. Der Bischof Hugo von Saragossa und der Abt von Sinaqua erhielten den Auftrag, König Alfons den Entwurf zu überbringen und ihn zu bitten, er möge seinen Einfluss geltend machen, um die Zustimmung seines Bruders zu erwirken. Dass man einen spanischen Prälaten mit dieser Mission betraute, erklärt sich aus dessen früherer Stellung als Probst in Marseille: dort war er wohl in Beziehungen zu Karl getreten, für dessen Freilassung er sich später eifrig bemüht hatte. Schon unter Martin IV. von einem Teile des Domkapitels zum Bischof der aragonischen Hauptstadt erwählt, war er von seinem Mitbewerber verdrängt und erst im Mai 1289 von Nikolaus anerkannt worden.[4] König Karl übergab dem Gesandten

---

1. Raynaldi zu 1288, § 17. Auch Potthast (nr. 22728) setzt das Schriftstück zu 1288 statt zu 1289. Langl. 1389.
2. Langl. 1142—52.
3. Ueber diesen Entwurf und die Gesandtschaft Hugos von Saragossa vgl. Anhang.
4. Langl. 873.

zugleich einen Brief, in dem er Alfons bat, auf die Unmöglichkeit einer rechtzeitigen Erfüllung seiner Verpflichtungen Rücksicht zu nehmen und in Anbetracht der schweren Hindernisse die Frist für die Rückkehr in die Haft beziehungsweise für den Verfall der Pfänder vom 1. November 1289 bis zum 1. Mai 1290 hinauszuschieben. Wenn Karl hinzusetzte, er habe diesen Aufschub „auf den Rat seiner Freunde an der römischen Kurie"[1] begehrt, so gestand er damit selbst ein, wie sehr er sich ins Schlepptau der päpstlichen Politik hatte nehmen lassen. Man hoffte Alfons zu allem bereit zu finden, da er sich einer grossen Koalition der Kurie, Neapels, Frankreichs und nunmehr auch Kastiliens gegenüber sah. Der König von Kastilien hatte nämlich den Aufruhr in Vizcaya unterdrückt[2] und konnte seine Streitkräfte jetzt gegen Aragon gebrauchen. Dass Karl, der sich durch die Annahme eines zum Kampfe gegen Sizilien bestimmten Zehnten thatsächlich schon von dem Vertrage losgesagt, um die Frist bat, beweist, wie günstig ihm die politische Lage schien: Er nahm an, ein halbes Jahr werde genügen, Don Jakob von der Unhaltbarkeit seiner Stellung zu überzeugen. Zunächst galt es freilich, den Gegner vom Festlande auf die Insel zurückzuwerfen. Ende Juni verliess Karl Rieti und begab sich nach seiner Hauptstadt Neapel.[3] Als apostolischer Legat begleitete ihn der Kardinalbischof von Palestrina, der beauftragt war, die Erhebung des Zehnten zu leiten und die Barone des Reichs zur Treue gegen den König zu ermahnen.[4] Eifrig rüstete sich dieser zum Kampfe; Söldner wurden geworben, die Lehensmannen aufgeboten;

---

1. Rymer 718.
2. Crónica 80.
3. Am 20. Juni urkundete er in Rieti, am 27. schon in seinem Reiche, am 7. Juli in Neapel. De Mas Latrie II 85 und Syllabus II 1, 44 und 45.
4. Langl. 2181—85.

die Gemeinde Solmona unterstützte den König durch die Zuwendung von 100 Unzen und andere Städte mögen ihrem Beispiel gefolgt sein.[1] Jakob belagerte seit dem 30. Juni das feste Gaëta.[2] Ein apulisches Heer suchte die Stadt zu entsetzen. Um die Mitte des Augusts langte König Karl bei der Entsatzarmee an.[3] Noch hatte keine der beiden Parteien einen entscheidenden Sieg erfochten, als das thatkräftige Eingreifen Eduards von England einen Waffenstillstand erzwang.

Eduard hatte gleich Jakob von Sizilien und wohl aus den gleichen Gründen wie dieser schon vor Karls Ankunft in Rieti erkannt, dass die Ausführung des Campfrancher Vertrages nicht zu erwarten sei.[4] Er entschloss sich infolgedessen, der Kurie die Genehmigung zu einem Waffenstillstande abzuringen. Auch verfiel er unabhängig von der Kurie auf dasselbe Auskunftsmittel: Er riet König Alfons, dem Anjou die Frist zu verlängern. In seinem Antwortschreiben vom 15. Mai[5] erteilte darauf Alfons dem König von England die Vollmacht, über die Verlängerung, nicht aber über die Aenderung des Vertrages mit der Gegenpartei sich zu einigen.

Eduard hatte aber bereits am 8. Mai seinen Gesandten Otto von Granson und Wilhelm von Hothum, einem Predigermönch, Beglaubigungsschreiben für ihre Mission an den Papst und König Karl ausgestellt.[6] Die Botschafter stellten an den Papst die kategorische Forderung, dem Blutvergiessen zwischen christlichen Völkern Einhalt zu thun.[7]

---

1. Syllab. II 1, 43 und 48—51.
2. Barth. de Neocastro 1149.
3. Syllab. II 1, 57.
4. Vgl. Alfons' Antwort vom 15. Mai auf einen Brief Eduards (Rymer 709).
5. Rymer 709.
6. a. a. O. 708 und 709.
7. Barth. de Neocastro 1155.

Amari hat mit Recht betont, dass ein solches Verlangen gerade in diesem Augenblick den tiefsten Eindruck machen musste, da soeben die Schreckensbotschaft von Tripolis' Fall an der Kurie eintraf und den Beweis lieferte, dass nur ein einmütiges Zusammenwirken der christlichen Mächte dem Vordringen des Islam Halt zu gebieten vermöge. Aber noch ein zweites Moment steigerte die Wirkung der englischen Intervention: Sie ging aus von dem Fürsten, von dessen gutem Willen es abhing, ob die Kreuzzugspläne der Kurie auch nur teilweise Verwirklichung fanden. Die beiden Gesandten hatten mit Nikolaus auch über die Frage des Kreuzzuges zu verhandeln.[1] Sie brauchten nur anzudeuten, dass der Eifer ihres Herrn für die Rettung Palästinas nachlassen werde, wenn die Feindseligkeiten gegen die Sizilianer fortdauerten, und die Kurie war genötigt, sich zu fügen. Hier zeigt sich aufs deutlichste die Rückwirkung der Ereignisse im fernen Osten auf die Gestaltung der europäischen Verhältnisse.

Nikolaus vereinbarte mit den englischen Gesandten, dass Otto von Granson nach Gaëta abgehen und einen Waffenstillstand vermitteln solle. Einer der aragonischen Gesandten, die noch immer in Rieti weilten, Galceran de Timor, begleitete Otto, um ihn zu unterstützen. Am 24. August kam unter ihrer Vermittlung ein Waffenstillstand bis Allerheiligen 1291 zwischen Karl und Jakob zu stande; Kalabrien wurde jedoch ausgenommen.[2]

Wenn Jakob den Vertrag von Gaëta vielleicht in der Hoffnung auf einen annehmbaren Frieden einging, so wurde er alsbald eines Besseren belehrt. Noch im Lager von

---

1. Vgl. Röhricht in Mitteilungen XV 42.
2. Ueber den Waffenstillstand: Barth de Neocastro 1165, Guill. de Nangiaco I 275, Nic. Spec. (Mur. X 957), Brief des Grafen v. Artois bei Amari III 385-391 als 32. Dokument, Brief Karls bei Rymer 717-718; Chr. Suessan. (Raccolta 59).

Gaëta übersandte ihm Karl durch den Grafen Hugo V. von Brienne und Lecce und den Marschall Johann den Schotten denselben Friedensvertrag, den der Bischof von Saragossa dem König von Aragonien gebracht hatte. Galceran de Timor liess sich bereit finden, diesen Vertrag, der Jakob den Verzicht auf Sizilien zumutete, bei ihm zu befürworten.[1] Da König Alfons' Antwort auf die Vorschläge des Bischofs von Saragossa damals noch nicht erteilt war,[2] handelte der aragonische Gesandte durchaus eigenmächtig. Aber sein Verfahren wird erklärlich, wenn man die staatsrechtlichen Zustände Aragoniens in Betracht zieht: Dem König waren überall durch den Einfluss der Cortes die Hände gebunden, selbst die Gesandtschaften waren wesentlich eine Vertretung der Stände. Diesen gegenüber mochte Galceran, ein Johanniter, seine Haltung leicht rechtfertigen: Denn von jeher war die sizilische Politik des Königshauses in Aragon mit Ausnahme des handelsthätigen Küstenlandes Katalonien gemissbilligt worden, und nur mit Mühe hatte Alfons das Bündnis mit seinem Bruder trotz der Unzufriedenheit der Cortes aufrechtzuhalten vermocht.[3]

Als König Jakob und sein Admiral, Roger di Loria, von dem Inhalt des Vertragsentwurfs Kenntnis genommen, soll der letztere in die Worte ausgebrochen sein, sie würden Sizilien nicht freiwillig verlassen, und wenn Aragonien, Katalonien und die ganze Welt gegen sie das Kreuz nähme.[4] Offenbar hatte man ihnen gedroht, das Kreuz gegen sie zu predigen und Galceran mag ihnen die Stimmung der arago-

---

1. Brief vom 1. Nov. 1289 (Rymer 717—718).
2. Sie ist vom 7. Sept. datiert (a. a. O. 713).
3. Ueber das Verhältnis von Krone und Cortes vgl. Schirrmacher V 64; über die Zusammensetzung der Gesandtschaften Muntaner II 44, über die Unzufriedenheit mit der auswärtigen Politik Schirrmacher V 45. Auch Bofarull betont stets, dass nur die Cortes, nicht der König Sizilien preisgeben wollten.
4. vgl. Anhang.

nischen Cortes geschildert haben. Aber alle diese Mittel blieben gänzlich wirkungslos.

So zerschlugen sich die Verhandlungen; Karl kehrte nach Neapel, Jakob nach Sizilien zurück. In Mascali suchte ihn nochmals ein päpstlicher Unterhändler auf. Nach dem einzigen Bericht, den wir über diese Verhandlungen besitzen,[1] liess der Papst den König zu einem Kreuzzuge auffordern und ihm dafür seine Gnade, sowie die Würde eines Vexillifer der Kirche, ausserdem in den unbestimmtesten Ausdrücken die Erfüllung jedes Wunsches anbieten. Darauf erklärte sich Jakob zu der Kreuzfahrt bereit, forderte aber den Besitz Siziliens unter päpstlicher Lehensherrlichkeit, die Aufhebung des Interdikts, einen allgemeinen Waffenstillstand, die Herrschaft über seine künftigen Eroberungen in Syrien und vollends die Königskrone von Jerusalem. Erst die Vertreter Messinas, die Jakob zu Rate zog, belehrten ihn darüber, dass der Papst ihn nur in den Orient locken wolle, um während seiner Abwesenheit über Sizilien herzufallen. Darauf betraute der König Johann von Procida mit einer Sendung an den päpstlichen Hof, Nikolaus verwies aber die Entscheidung über das Schicksal der Insel auf den inzwischen beschlossenen Friedenskongress von Tarascon.

Aus diesem ganz unkontrolierbaren Bericht ist lediglich die Thatsache, dass überhaupt verhandelt wurde, zu entnehmen, der angegebene Inhalt der Verhandlungen zu bezweifeln. Denn manches ist darin unwahrscheinlich: Jakobs Stellung war nicht so glänzend, dass er von Karl II. die Abtretung zweier Königskronen — denn auch die von Jerusalem nahm das Haus Anjou in Anspruch — hätte fordern können. Vor allem aber hat die Kurie Jakob schwerlich für so einfältig und vertrauensseelig gehalten, um ihm ohne bestimmte Erklärungen über Siziliens Schicksal das Opfer

---

1. Barth. de Neocastro 1156—65.

eines Kreuzzugs zuzumuten. Gab sie aber bestimmte Erklärungen, so müssen dieselben Jakob entweder den Besitz Siziliens verheissen oder seinen Verzicht gegen Entschädigung gefordert haben. Ersteres kann der Papst bei seinem unausgesetzten Bestreben, die Insel wiederzuerobern, nicht ehrlich gewollt haben; dass er aber heuchelte, um nach Jakobs Einschiffung die Insel desto gewisser zu unterwerfen, wagen wir nicht dem alleinigen Zeugnis eines sizilianischen Zeitgenossen zu glauben, der gegen die Kurie voreingenommen ist, jedem ihrer Schritte misstraut und unverkennbar die Tendenz zeigt, seine Mitbürger, die Messinesen, zu verherrlichen. Hier fand er die schönste Gelegenheit, Verhandlungen, von denen er nichts bestimmtes wusste, als dass sie scheiterten und dass Abgesandte Messinas daran teilnahmen, zum Ruhme Messinas und zur Unehre der Kurie in der geschilderten Weise zu konstruieren.

Somit bleibt nur die zweite Möglichkeit, dass man Jakob, wie bei Gaëta, zum Verzicht drängte und ihn diesmal durch Entschädigungen köderte. Die Kosten der Entschädigung fielen naturgemäss dem zur Last, der aus Jakobs Verzicht den Vorteil zog, nämlich Karl II. Da lag es am nächsten, dass er Jakob, um ihm wenigstens den Glanz des Königstitels zu erhalten, die Krone von Jerusalem anbot, zu der er sich freilich das Gebiet erst im Kampfe mit den Muselmännern erstreiten musste. Die Kurie hätte auf diesem Wege den weiteren Vorteil erzielt, die wilde Kraft der Almugavarentruppen und die sieggewohnten Galeeren Rogers di Loria, des gefeiertsten Sechelden und Ritters seiner Zeit, in den Dienst der Kreuzzugsidee zu stellen.

Aber Jakob dankte für eine Krone, die auch der König von Cypern beanspruchte, für ein Reich, das noch zu erobern war.[1]

---

1. Der Graf von Artois erwähnt am 4. November 1290 die Anwesenheit sizilianischer Gesandter in der Basilicata (Syllab. II 68); Amari (II 213) hält es für möglich, dass hier auf Pro-

Beweisen lässt sich jedoch der vermutete Verlauf so wenig als widerlegen.

Inzwischen waren der Bischof von Saragossa und der Abt von Sinaqua in Aragon eingetroffen. Sie legten Alfons den Entwurf jenes Friedensvertrages vor, erbaten seine Fürsprache für denselben bei König Jakob und den Aufschub für Karl II. Seine Antwort erklärt sich aus der Lage auf der pyrenäischen Halbinsel.

Im Frühjahr war der Krieg mit Kastilien ausgebrochen. Philipp IV. hatte sich anfangs nach seiner Gewohnheit abwartend verhalten und sogar die Ratifikation des Lyoner Vertrages unter Vorwänden um 1 Jahr aufgeschoben. Dann aber hatte er sich anders entschlossen und im Juli 1289 seinem Bundesgenossen, dem König von Mallorca, der sich, obwohl ein Bruder Peters III., den Feinden Aragons angeschlossen hatte, Hilfstruppen zu einem Einfalle in die nordkatalonische Grafschaft Ampurdan gestellt. Alfons' Nahen genügte, um den König von Mallorca zum Rückzuge zu bewegen. Während Alfons sich gegen diesen Gegner wandte, brandschatzte König Sancho von Kastilien ungestört Aragon bis zum Ebro hin. Erst nach dem Rückzuge des Königs von Mallorca war es möglich, auch die Kastilianer über die Grenze zurückzutreiben. Im August fielen sogar aragonische Truppen im Verein mit den Anhängern des Prätendenten Alfons de la Cerda in Kastilien ein.[1] Aragoniens Lage war also nicht ungünstig, als der Bischof von Saragossa mit seinen Vorschlägen an den König herantrat. Aber immer noch schwebte über seinem Haupte die Gefahr, dass Frankreich im Mai das Lyoner Bündnis mit Kastilien

---

cidas Sendung angespielt wird; allein nach Barth. de Neocastro 1168 erwähnen sizilische Gesandte am aragonischen Hofe bereits im Juni 1290 den Ausgang der Sendung Procidas!

1. Ueber den Krieg: Cronica 80—81. Gesta com. Barcinon. 575—577. Ann. Toledan. (Florez 23, p. 119). Muntaner II 17—19. Zurita IV 384—335; vgl. Schirrmacher IV 656—658.

ratifizieren und in den Krieg mit ganzer Macht eingreifen
werde. Diese Besorgnis, verbunden mit dem Drängen der
Cortes, werden Alfons zur Nachgiebigkeit bestimmt haben.
Infolgedessen nahm Alfons für seine Person den Entwurf
an, jedoch mit Vorbehalt der Zustimmung seines Bruders.
Er versprach, sich um diese zu bemühen, und gewährte den
erbetenen Aufschub in einer Urkunde vom 7. September.
Der Abt von Sinaqua übernahm es, König Karl die Antwort
des Aragoniers zu überbringen.[1]

Im Oktober traten zu Monzon die Cortes von Aragon
zusammen. Es sollten Gesandte beauftragt werden, nach
Sizilien zu gehen und König Jakob zur Annahme des
Friedensvertrages zu überreden. Da erschienen abermals
Boten König Karls, der Sakristan von Aix und Raimund von
Carbonne; sie meldeten zur allgemeinen Ueberraschung, ihr
Herr werde am 1. November in die Haft zurückkehren,
Alfons möge sich bereit halten, ihn aufzunehmen und Geiseln
wie Gelder herauszugeben. Die Boten waren unmittelbar
nach den Ereignissen von Gaëta abgesandt worden; Alfons
vermutete, seine dem Abt von Sinaqua übergebene Antwort
sei nicht in Karls Hände gelangt. Alle Hoffnungen auf
Frieden waren wieder in weite Ferne gerückt; denn kehrte
Karl zurück, so stand man wieder auf demselben Standpunkt wie vor seiner Freilassung. Ausserdem ging aus
seinem Briefe nicht hervor, ob er sich zwischen Panizas
und Junquera oder bei Santa Christina — zwischen beiden
Orten war ihm im Campfrancher Vertrage die Wahl gelassen — einfinden werde. Infolgedessen sandte König
Alfons nach beiden Orten Boten, die Karl, wenn er zurückkehre, in Empfang nehmen sollten. Nach Roussillon begab
sich der Schildknappe Wilhelm, Sohn Raimunds, mit Briefen

---

1. Drei Dokumente vom Monat September (Rymer 713).

des Königs von Aragon und des Bischofs von Saragossa, die beide Aufklärung von König Karl verlangten.[1] Dieser hatte auf der Reise nach Aragon in Aix den Abt von Sinaqua getroffen; er ignorierte die Gewährung des erbetenen Aufschubs und die Annahme des Friedensvertrages vollständig und reiste weiter. In Perpignan fand ihn Wilhelm der Schildknappe und übergab ihm die Briefe des Königs und des Bischofs. Auch diese änderten nichts an seinem Entschlusse. Von einer bewaffneten Schaar geleitet, erschien Karl am 31. Oktober zwischen Panizas und Junquera. Aber die aragonischen Boten, die ihn in Empfang nehmen sollten, konnten nicht an den Ort gelangen; denn — er war von Truppen der Könige von Frankreich und Mallorca besetzt! Jetzt vollzog sich ein merkwürdiges Schauspiel. Eine Anzahl Artikel aus den Verträgen von Oléron und Campfranch wurden öffentlich verlesen. Darauf erklärte König Karl feierlich, er stelle sich der Haft. Da kein aragonischer Bevollmächtigter zur Stelle war, um ihn in Empfang zu nehmen, obwohl der Landesherr, König Jakob von Mallorca, sicheres Geleit zusagte, beurkundete eine Reihe provençalischer Prälaten aus Karls Gefolge, an ihrer Spitze der Erzbischof von Arles, dass Karl seiner Verpflichtung genügt habe. Am 1. und 2. November wurde die Komödie wiederholt. Dann begab sich Karl nach Perpignan zurück.[2]

Auf den ersten Blick erscheint sein Verhalten rätselhaft. Er hatte vor wenigen Monaten Alfons aufs dringendste ersucht, seinen Bruder zum Verzicht auf Sizilien zu bestimmen und ihm den Aufschub zu gewähren. Beides hatte

---

1. Briefe des Königs und des Bischofs an Karl vom 21. und 19. Oktober, der erstere mit der irrigen Jahreszahl 1288, bei Rymer 686; Brief Karls vom 1. November 1289 a. a. O. 717—718, Brief Alfons' vom 2. Januar 1290 a. a. O. 723·—725, vom 24. November 1289 a. a. O. 722.

2. Rymer 715–718.

Alfons erfüllt und damit den Abfall von der Sache Siziliens, der nach Amari schon 1287 zu Oléron erfolgte, in Wirklichkeit vollzogen, freilich vorbehaltlich der Zustimmung seines Bruders. Was bewog nun Karl, von diesen grossen Zugeständnissen keinerlei Notiz zu nehmen? Die Gründe, die er selbst anführt, um sich zu rechtfertigen, Einwände gegen die Form der Fristverlängerung, sind ohne Zweifel nur vorgeschützt. Auch die Absicht, die Geiseln in seine Hand zu bekommen, vielleicht gar König Alfons selbst gefangen zu nehmen, kann man ihm nicht zuschreiben; denn in diesem Falle hätte er wahrscheinlich den Ort bezeichnet, an dem man sich zu seinem Empfang und zur Auslieferung der Geiseln einfinden solle. Die wahren Motive müssen in Ereignissen gesucht werden, die erst nach der Entsendung des Bischofs von Saragossa eintraten und geeignet waren, die durch diesen erbetenen Zugeständnisse wertlos zu machen. Ein solches Ereignis ist das Eingreifen Frankreichs in den Krieg im Juli 1290. Seitdem glaubte die antiaragonische Koalition ihre Forderungen steigern und ausser der Abtretung des Insellandes noch mehr verlangen zu können; in der That geschah das sehr bald. Einer Steigerung der Forderungen stand aber der von Karl selbst angebotene Friedensvertrag im Wege. Seine Annahme durch den aragonischen König musste also unter Vorwänden ignoriert werden. Wenn Karl aber das letztere that, so durfte er auch von dem gewährten Aufschub keinen Gebrauch machen; denn dieser war ja lediglich zu dem Zwecke bewilligt worden, dass Karl hinlänglich Zeit habe, um jenem Vertragsentwurf die allgemeine Anerkennung zu sichern. Aragon einen neuen härteren Vertrag vorlegen und dennoch den Aufschub benutzen, hätte soviel bedeutet, als vor aller Welt die eigene Treulosigkeit eingestehen. Dies aber scheuen schwache und halbe Naturen wie der Anjou, denen selbst im Verbrechen die Grösse fehlt. Ihm kam es stets darauf an, den Schein zu wahren. Infolgedessen entschloss er sich, den Aufschub für formal unzulänglich zu erklären und eine scheinbare Rückkehr in die Haft zu bewerkstelligen. Zu diesem Zwecke besetzten die Truppen seiner Verbündeten Junquera. Nunmehr konnte er sich von angesehenen Prälaten öffentlich bescheinigen lassen, er habe seine Eide treulich erfüllt. Den Zorn des Aragonesen fürchtete er wenig; er zählte mit Recht darauf, dass dieser schon um seiner Cortes willen nach wie vor den Frieden suchen werde. Auch dem Rufe der Beteiligten scheint die Komödie von Junquera wenig geschadet zu haben: König Karl galt weiterhin als ein frommer Fürst, und der Erzbischof von Arles starb sogar im Geruche der Heiligkeit.[1]

Der Anjou war zumeist das Werkzeug seiner Verbündeten; in seinem Kopfe ist der raffinierte Plan schwerlich entstanden. Die Kurie ist sicherlich unbeteiligt; denn nach ihrer Auffassung war der König von Neapel durch die Lösung der Eide aller Verpflichtungen ledig. Dagegen wirkte der König von Mallorca schon bei den Vorbereitungen mit. Am 27. und 29. Oktober hat er den französischen Seneschall im benachbarten Carcassonne, 200 Reiter nach seiner Residenz Perpignan zu senden und beruhigte des Seneschalls Bedenken durch die Versicherung, die Angelegenheit, wegen deren Karl II. demnächst zu dem aragonischen Herrscher komme, sei nicht derart, dass sie dem König von Frankreich missfallen müsse.[2] Auf die Mitwisserschaft des letzteren ist hieraus nicht zu schliessen. Wer auch den Anschlag ersonnen haben mag, als Vorbild schwebte ihm jedenfalls die berühmte Duellaffaire zwischen Karl I. von Anjou und Peter III. von Aragon vor. Damals hatte Karl I. den verabredeten Kampfplatz gleichfalls besetzen lassen und so den Gegner verhindert, in die Schranken zu reiten.

---

1. Gams 494.
2. Vaissète IV Urkundenanhang 91—92.

Von Perpignan aus sandte Karl II. von neuem Boten an Alfons und lud ihn zu einer Zusammenkunft nach Gerona ein. Alfons antwortete, voll Empörung über den Vertragsbruch, mit der Aufforderung, Karl möge unter den beiden vertragsmässigen Orten denjenigen bestimmen, an dem er in die Haft zurückkehren wolle. Karl wies die aragonischen Boten an seine Räte, die in Gerona die Verhandlungen führen sollten; er selbst reiste dringender Geschäfte halber nach Frankreich ab. Auf die Nachricht, dass Karl nicht in Gerona anwesend sein werde, liess auch Alfons den Vorsatz, dahin zu reisen, fallen und entsandte statt seiner drei Bevollmächtigte. Diesen boten im Namen Karls Wilhelm von Villers, Prior des Johanniterhospitals in St. Gilles, der Abt von Sinaqua und Bartholomäus von Capua einen Frieden unter folgenden Bedingungen an: Jakob verzichtet ohne Entschädigung auf Sizilien; Alfons giebt die eroberte Insel Mallorca dem König von Mallorca zurück; das Lehens- und Zinsverhältnis Aragons zur römischen Kirche wird wiederhergestellt; die Söhne weiland König Peters III. bezeugen dem Papste sowohl als dem Könige von Frankreich ihre Ehrfurcht.[1]

Aber so wehrlos fühlte sich Alfons von Aragonien nicht, dass er auf derartige Bedingungen eingegangen wäre. Die Konferenzen von Gerona endeten im Dezember 1289 ohne Ergebnis. Der Gegner hatte den Bogen zu straff gespannt; das erwies sich jetzt als ein politischer Fehlgriff. Denn Alfons, der Siziliens Abtretung schon dem Bischof von Saragossa zugestanden hatte, wurde nun wieder auf die sizilische Seite hinübergetrieben. Gemeinsam mit seinem Bruder suchte er in Anlehnung an die Politik seines grossen Ahnen, Kaiser Friedrichs II., die Freundschaft des

---

1. Die Vorgänge vom 1. November bis 4. Januar in den beiden Briefen Alfons' vom 24. November und 4. Januar bei Rymer 722—725.

Sultans von Aegypten. Im April 1290 kam ein Bündnis Aragoniens und Siziliens mit den Feinden der Christenheit zu stande.[1]

Die Kurie und ihr Werkzeug Karl II. arbeiteten trotzdem rüstig an der Ausführung ihres Programms, des Sonderfriedens mit Aragon. Ein solcher war nur zu erreichen, wenn der König von Frankreich und sein Bruder Karl von Valois endlich auf die Eroberung des Ebroreichs verzichteten, was sie nach dem Campfrancher Vertrage abgelehnt hatten. Offenbar wollten sie für den Verzicht zum mindesten entschädigt werden. Die französische Reise Karls II. hatte keinen anderen Zweck, als eine Entschädigung anzubieten: er war zu einem Opfer bereit, da er ja das stärkste Interesse an dem Frieden mit Aragon hatte, sowohl um seine Söhne zurückzuerhalten als um Sizilien zu isolieren. Noch vor Ablauf des Jahres 1289 wurde man über den Preis einig, für den der Valois seine Thronansprüche verkaufte. Er erhielt mit der Hand Margarethens, der Tochter König Karls, die Grafschaften Anjou und Maine zugesichert.[2] Falls von den Verlobten Margarethe früher sterbe, sollten die Grafschaften an den Valois fallen; sterbe dieser vor Margarethen, ohne Kinder zu hinterlassen, so sollte, vorbehaltlich des lebenslänglichen Niessbrauchs für die Witwe, König Philipp von Frankreich der Erbe sein. Der Vertrag reiht sich den zahlreichen Erb- und Heiratsverträgen an, mittelst deren das Haus Capet sein ursprünglich so kleines Gebiet erfolgreich zu erweitern wusste. Für einen Ausgleich mit Aragon waren jetzt die Wege weit mehr geebnet als je zuvor.

Philipp IV. hatte im Namen des Königs von Mallorca bei Eduard von England Beschwerde geführt, dass arago-

---

1. Amari III Dokument 31; über das Datum a. a. O. S. 371, Anm. 3.

2. Urkunde des Pariser Archivs, citiert von Amari II 228, Anm. 1, vom Dezember 1289.

nische Unterthanen denen des Königs von Mallorca während des 1286 von England vermittelten Waffenstillstandes Schaden zugefügt hätten. Alfons erwiderte die Beschwerde. Infolgedessen veranstaltete der englische König eine Zusammenkunft französischer, mallorcanischer, aragonischer und englischer Vertreter zu Perpignan am 3. Februar 1290, um allen Geschädigten zum Ersatz ihrer Verluste zu verhelfen. Die Beratungen konnten jedoch nicht eröffnet werden, da die französischen Gesandten nur ermächtigt waren, über die Schädigung von Unterthanen der Könige von Frankreich und Mallorca, nicht auch des Königs von Aragon zu verhandeln.[1]

Unabhängig von den Perpignaner Verhandlungen schritt indessen das Friedenswerk vorwärts. Karl II. liess dem Papste durch den Abt von St. Germain-des-Prés und Bartholomäus von Capua die erzielte Einigung mitteilen; er erbat zugleich den Ehedispens, der bei der Verwandschaft der Verlobten erforderlich war, und die Entsendung eines Legaten zu den bevorstehenden Verhandlungen. Nikolaus beeilte sich, den Dispens zu erteilen. Freudig gab er der Hoffnung Ausdruck, dass aus dem Abkommen mit Karl von Valois der allgemeine Friede und die Rettung des heiligen Landes hervorgehen werde. Am 23. März 1290 ernannte er Gerhard Bianchi, Kardinalbischof von der Sabina, und Benedikt Gaëtani, Kardinaldiakon von St. Nikolaus in Carcere Tulliano, den späteren Papst Bonifaz VIII., zu Legaten und beauftragte sie, den Dispens nach Frankreich zu bringen sowie an den Verhandlungen mit Aragon teilzunehmen. Freilich waren dies nicht die einzigen Aufgaben dieser bedeutsamen Gesandtschaft. Sie sollte ausserdem das Kreuz predigen, den Zehnten, der einst Philipp III. für einen Kreuzzug bewilligt worden war, zurückfordern, eine Reihe

---

1. Alfons' Briefe vom 2. und 18. Januar bei Rymer 723 und 726, die Perpignaner Verhandlungen selbst a. a. O. 726—729.

schwerer Konflikte zwischen französischen Stiftern und Organen der Krone schlichten und den Rechsstreit des Lyoner Domkapitels mit dem Erzbischof entscheiden.[1] Noch bevor die Legaten abreisten, trafen aragonische Gesandte an der Kurie ein. Eine Zusammenkunft der Könige Alfons und Karl wurde verabredet und zwischen Panizas und Junquera abgehalten. Das Ergebnis war, dass bis Allerheiligen Waffenstillstand geschlossen wurde.[2] Die Legaten begaben sich nach Paris, wo ihre Geschäfte sie bis zum September mindestens festhielten. Die Vermählung Karls von Valois mit der Prinzessin Margarethe wurde im August zu Corbeil an der Seine vollzogen.[3] Da der Papst 1288 dem König von Frankreich einen Zehnten für den aragonisch-sizilischen Krieg gewährt hatte, musste bestimmt werden, wie im Falle eines Friedens mit Aragon über dessen Erträge verfügt werden solle. Man kam überein, dass Philipp in diesem Falle der Kurie 400000 Tourser Pfund für die Kosten der Eroberung Siziliens überweise; werde die Insel binnen 14 Monaten unterworfen, so solle sich die Kurie mit 300000 Pfund begnügen.[4] Philipp gewann also zu der Anwartschaft auf Anjou und Maine noch einen finanziellen Vorteil. Falls der Friede nicht zu stande komme, habe die Kurie und nach Siziliens Eroberung auch Karl II. dem König von Frankreich und seinem Bruder zur Erwerbung Aragons zu helfen.

Auf den Februar 1291 wurde ein Friedenskongress nach Tarascon anberaumt; an die Könige von Aragon und England ergingen Einladungen. Der erstere berief die Cortes

---

1. Langl. 4254—57, 4277, 4284—4302, 7310. Raynaldi zu 1290, § 17 und 19.
2. Zurita I 343.
3. Guill. de Naugiaco I 278; Diplom vom 18. ungenannten Monats 1290 bei Lünig II 1041—44; den Monat (August) ergänzt Amari II 228 Anm. 1 aus dem Original des Pariser Archivs.
4. Urkunde des Pariser Archivs, citiert von Amari II 226.

nach Barcelona und trug ihnen die Angelegenheit vor. Sie stimmten, wie von jeher, für den Frieden und beauftragten eine Gesandtschaft von 12 Mitgliedern, nach Tarascon abzugehen.[1] Dass die Sizilianer gleichfalls zu dem Kongress zugelassen werden sollten, hatte Papst Nikolaus Johann von Procida zugesichert. Jakob ernannte infolgedessen Gesandte und befahl ihnen, sich nach den Anweisungen seines Bruders zu richten: jedoch machte er zur Bedingung, dass er die Insel als päpstliches Lehen behalte. Im Juni 1290 trafen die Gesandten am aragonischen Hofe ein und entledigten sich ihres Auftrages. Sie erhielten zur Antwort, ihre unzeitige Einmischung könne den Erfolg der Friedensverhandlungen in Frage stellen; sie sollten ihre Forderungen erst nach Aragons Friedensschlusse geltend machen.[2] Diese Sprache bezeugt, dass Alfons, mit Rücksicht auf seine Cortes, endgiltig von Sizilien abgefallen war.

So waren alle Schwierigkeiten bereits beseitigt, als König Karl mit den aragonischen, englischen und päpstlichen Gesandten in Tarascon zum Kongress zusammentrat. Infolgedessen wurde schon am 19. Februar der Vertrag von Brignoles unter folgenden Bedingungen abgeschlossen: Alfons von Aragon stellt der Kirche durch den Mund von Bevollmächtigten sein Land, das durch seine und seines Vaters Schuld verwirkt ist, zur Verfügung und erhält es aus den Händen des Papstes zurück. Er gelobt, seinem Bruder keinerlei Beistand zu leisten, seine Untertanen aus Sizilien abzurufen und einen Kreuzzug zu unternehmen. Dafür hebt die Kirche Bann und Interdikt auf und erwirkt die

---

1. Muntaner II 43—46; schon am 28. Juli 1290 erwähnt Karl II., dass Alfonds Gesandte ernannt habe (Rymer 736).
2. Barth. de Neocastro 1168. Bofarull III 588—589 führt 2 Vollmachten Jakobs für seine Gesandten aus dem Archiv der Krone Aragon an, durch die Bartholomaeus' Bericht bestätigt wird.

Zustimmung Philipps von Frankreich zu dem Friedensschluss. Sobald dies geschehen, giebt Alfons Geiseln und Gelder zurück und spricht die Könige Karl und Eduard von jeder Verbindlichkeit frei. Eroberungen und Kriegsgefangene werden zurückgegeben. Vor Weihnachten erscheint Alfons in Rom und wiederholt das Schuldbekenntnis, die Annahme seines Reichs aus den Händen des Papstes sowie das Kreuzzugsgelübde. Der König von Kastilien wird, wenn es ihm beliebt, in den allgemeinen Frieden eingeschlossen, andernfalls zwischen ihm und Aragonien ein Waffenstillstand vermittelt.[1]

Letzterer Artikel zeigt, dass Alfons nicht nur Sizilien, sondern auch den von ihm erhobenen Prätendenten Alfons de la Cerda preisgab. Er that es unter dem Druck des französisch-kastilischen Bündnisses, das im Mai ratifiziert worden war.[2] Nur eine Frage wurde in Brignoles in der Schwebe gelassen; sie betraf die Wiederherstellung des Königreichs Mallorca, dessen Herr auf seine festländischen Besitzungen, wie Roussillon, beschränkt worden war. Karl II. erklärte, dass der König von Frankreich die Genehmigung des Vertrages von der Wiederherstellung seines Verbündeten abhängig mache. Infolgedessen wurde vereinbart, dass über die „balearische Frage" binnen kurzem verhandelt werden sollte.

Kaum waren die Beratungen von Tarascon und Brignoles geschlossen, als Karl II. daran ging, gegen das isolierte Sizilien Bundesgenossen zu werben. Zur Eroberung Siziliens bedurfte man einer ansehnlichen Flotte. Diese sollte ihm, wie einst in dem gleichen Falle dem Staufer Heinrich VI., die Republik Genua liefern. Er begab sich infolgedessen im März nach Genua, um die Häupter der Guelfen durch lockende Versprechungen an sich zu ketten. Die päpstlichen Legaten, die ihn begleiteten, mögen ihn mit

1. Rymer 744—745.
2. Cronica 82. Annal. Toledan. 418.

ihrem Einfluss unterstützt haben. Obwohl Jakob von Sizilien, um sich die Freundschaft der Genuesen zu erhalten, ihnen erst im Mai 1290 Handelsprivilegien erteilt hatte,[1] gelang es Karl, von einigen die gewünschten Zusagen zu erhalten. Wenn genuesische Schiffe auf sizilische Jagd machten, so hat Amari dies mit Recht als das Werk privater Korsaren bezeichnet. Da Katalanen und Provençalen ebenso wenig geschont wurden, darf man die politische Bedeutung dieser Kaperfahrten nicht zu hoch anschlagen.[2]

Von Genua kehrte König Karl nach Spanien zurück, um mit Alfons über die Rückgabe Mallorcas zu verhandeln. Am 8. April verpflichtete sich Alfons zu Jenchina, die Entscheidung dieser Frage bei seiner beabsichtigten Reise an die Kurie dem Papste anheim zu stellen, jedoch mit Vorbehalt seiner lehnsherrlichen Rechte.[3] Die Kurie durfte dies Versprechen mit Fug und Recht als einen neuen Triumph begrüssen; sie hatte den Sonderfrieden mit Aragon, das vornehmste Ziel ihres Strebens seit den Ereignissen von 1285, erreicht und konnte den Kampf gegen Sizilien unter ungleich günstigeren Auspizien als jemals führen. Die aragonischen Krieger sollten die Insel verlassen, die verfügbaren Kriegsgelder um 400000 Tourser Pfund steigen. Von den Erträgen des Zehnten wurden 1000 Unzen Goldes zu Kriegszwecken angewiesen.[4] Der Papst begnügte sich nicht die Prozesse gegen die Sizilianer am Gründonners- und Himmelfahrtstage, wie üblich, zu erneuern; er liess durch seinen Legaten, den Bischof von Palestrina, allen, die im Kampfe gegen Sizilien fielen, sogar den Palästinabschluss verheissen.[5]

---

1. Orlando 109—112; das Jahr 1289 ist in 90 zu verbessern.
2. Jac. Auriae 335, Barth. de Neocastro 1170; vgl. Amari II 238.
3. Rymer 753; das Dokument ist in Karls Brief an Eduard vom 12. April inseriert.
4. Langl. 6731.
5. a. a. O. 6702—4.

Es war der aussichtsvollste Augenblick in dem Pontifikat Nikolaus' IV.
Da erfolgte plötzlich ein Ereignis, das die Vertragsurkunde von Brignoles zu einem wertlosen Stück Papier machte: Am 18. Juni[1] raffte ein jäher Tod den siebenundzwanzigjährigen König von Aragon dahin, seine Krone fiel an Jakob von Sizilien und die Personalunion beider Reiche war wiederhergestellt.
Alfons' Testament vom Jahre 1286[2] hatte freilich die Thronfolge Jakobs von der Bedingung abhängig gemacht, dass er Sizilien dem dritten Bruder, Friedrich, überlasse. Die Teilung der Erblande entsprach dem alten Grundsatze des Hauses Aragon, wie die Sekundogenituren Provence und Mallorca beweisen. Aber Jakob kümmerte weder Herkommen noch Testament. Als die Cortes von Aragon, die beim Hinscheiden ihres Königs in Barcelona versammelt waren, den Thronfolger unverzüglich benachrichtigten, ernannte er Friedrich nur zum Reichsverweser und stellte ihn als solchen den kalabrischen Ständen zu Messina, den sizilischen zu Palermo vor. Am 29. Juli schiffte König Jakob sich in Trapani ein, Mitte August landete er in Valencia. Alsdann begab er sich über Barcelona in seine Hauptstadt Saragossa, wo er am 24. September die Krone empfing. Zugleich gab er die feierliche Erklärung ab, dass Aragonien ihm nicht als letztwillig ernanntem Erben seines Bruders, sondern als Erstgeborenem unter den lebenden Söhnen Peters III. zufalle, und dass er die päpstliche Lehnshoheit über Aragon nicht anerkenne.[3] Ungehört verhallten die ohnmächtigen Proteste der Kurie, die der Geistlichkeit Aragoniens und Mallorcas verbot, dem Gebannten Treue zu schwören.[4] Die Kurie musste fortan wieder mit der ver-

1. Barth. de Neocastro 1172, Muntaner II 46—47.
2. bei Testa 232—235.
3. Zurita I 348.
4. Langl. 6732—34.

einten Gegnerschaft Aragons und Siziliens rechnen. Noch eine zweite Folge des Regierungswechsels kreuzte die Pläne des Papstes. Alfons von Aragon hatte sich verpflichtet, ins heilige Land zu ziehen. Auch diese Hoffnung war nun zerstört, in einem Moment, in dem der christliche Orient gefährdeter war als je. Denn in den Sommermonaten des nämlichen Jahres 1291 erstürmte der Sultan Akkon, gab er dem Königreich Jerusalem den Todesstoss, erschreckte er den Herrscher Armeniens durch drohende Botschaften.[1] Dennoch führte die Kurie in ungebeugtem Stolz eine hochfahrende Sprache gegen König Jakob. Am 1. August beauftragte sie den päpstlichen Notar Wilhelm von Mandagout, nach Aragonien zu reisen; er sollte Jakob ermahnen, binnen 4 Monaten zum Gehorsam zurückzukehren, Sizilien seinem rechtmässigen Fürsten zurückzugeben und sich als Gebannter aller Regierungsakte zu enthalten.[2] Da die Sendung des Notars keinen Erfolg hatte, wurde im November König Jakob aufs neue exkommuniziert.[3]

Da Karl von Valois nach Jakobs Thronbesteigung den Verzicht auf Aragon widerrief,[4] machte sich Jakob auf den Wiederausbruch des Krieges mit Frankreich gefasst. Für diesen Fall suchte er sich den Rücken zu decken, indem er sich dem anderen Nachbarstaat, Kastilien, näherte. Ein Bündnis lag in der That im gleichmässigen Interesse der beiden spanischen Reiche; denn wie Aragon durch Kastilien und Frankreich, sah sich Kastilien durch Aragon und Marokko auf zwei Seiten bedroht.[5] Jakob beeilte sich, noch

---

1. Briefe des Sultans bei Barth. Cotton 215—219.
2. Langl. 6761—76; Raynaldi zu 1291, § 58—65.
3. a. a. O. 6839.
4. Urkunde des Pariser Archivs, citiert von Amari II 236 Anm. 1 und von Boutaric 382, Anm. 4.
5. Im März eilten angeworbene genuesische Galeeren Sancho gegen die Mauren zu Hilfe (Jac. Auriae 337). Vgl. Schirrmacher V 70.

bevor er gekrönt war, seinen Truppen und Untertanen an der Grenze von Valencia und Murcia die Einstellung der Feindseligkeiten zu befehlen und den Statthalter König Sanchos in Murcia davon zu unterrichten.[1] Auf einer Zusammenkunft der beiden Herrscher in Calatayud wurde über die streitigen Punkte verhandelt. Vor allem musste der Prätendent Alfons de la Cerda und sein Anhang berücksichtigt werden; denn dieser hatte sich mit aragonischer Hilfe an den Quellen des Duero in Seron und anderen Orten festgesetzt und diese Stellung behauptet. Sancho war bereit, ihn für den Verzicht auf die Krone durch Land und Leute zu entschädigen.[2]

Auf dieser Grundlage wurde am 29. November 1291 der Vertrag von Montagudo geschlossen; der Aragonese versprach Sancho Beistand gegen Marokko und erhielt dafür die Zusage kastilischer Unterstützung gegen jede feindliche Macht, insbesondere gegen Frankreich. Die Verlobung König Jakobs mit Isabella von Kastilien besiegelte den Bund. Derselbe wurde im Dezember bei einer zweiten Zusammenkunft der Könige in Calatayud ratifiziert. Frankreich gegenüber suchte sich Sancho zu rechtfertigen, indem er erklärte, der Tod des Königs Alfons, gegen den die kastilisch-französische Allianz sich gerichtet habe, überhebe ihn aller Verpflichtungen gegen den Verbündeten von Lyon.[3]

Auch die Gegenpartei sah sich nach Bundesgenossen um, und ihr Blick fiel wiederum auf Genua. Karl II. hatte

---

1. Zwei Briefe vom 15. September 1291 im Memor. hist. Espan. III 460—461; dadurch fällt Muntaners Angabe, Jakob habe nach seiner Krönung Alfons de la Cerda Hilfe zugesagt.
2. Muntaner 52—54.
3. Zurita I 349—350. Muntaner 52—54. Cronica 85—86. Barth. de Neocastro 1177. Jacob. Auriae 338. Nach Muntaner bietet der castilische, nach der Cronica der aragonische König die Freundschaft an; jeder der beiden Chronisten stellt seinen Herrn als den Umworbenen dar! — Vgl. Schirrmacher V 70—71.

die Absicht, sich nach Genua zu begeben. Infolgedessen wies der Papst den Erzbischof von Reggio, den er beauftragt hatte, nach Genua zu gehen und für die Entsendung einer Flotte ins heilige Land zu wirken, am 1. Oktober an, wenn König Karl nach Genua komme, ihm bei seinen Geschäften zur Seite zu stehen. Zugleich verbot er den Genuesen streng den Handelsverkehr mit Sizilien.[1] Ob der König oder der Erzbischof in Genua eintrafen, ist nicht nachweisbar. Aber die Wahrscheinlichkeit spricht dafür, dass wenigstens einer von beiden es that und seinen Zweck zum Teile erreichte. Denn nicht lange, nachdem der Papst dem Erzbischof jene Weisung erteilt hatte, drang nach Sizilien das beunruhigende Gerücht, dass die Genuesen gegen die Insel rüsteten und bereits im lilybäischen Meere sizilische Kauffahrer beschädigt hätten. Der Reichsverweser, Infant Friedrich, sandte infolgedessen Botschafter nach Genua; er liess den Behörden der Republik vorstellen, dass der König von Aragonien und Sizilien es in der Hand habe, ihren Handel auf der tyrrhenischen See zu hemmen, die Ausfuhr sizilischen Korns nach Genua zu untersagen und damit die Stadt in schwere Teuerung zu stürzen.[2] Die Bedrohung ihrer kaufmännischen Interessen machte auf die Häupter der Handelsrepublik Eindruck. Sie verstanden sich zu dem Versprechen, keinem Bürger von Genua Feindseligkeiten gegen die Untertanen König Jakobs zu gestatten. Indessen scheinen sie in dem Papste immer noch die trügerische Hoffnung genährt zu haben, dass er auf ihren Beistand rechnen dürfe; denn er bewies sich ihnen äusserst gnädig.

---
1. Langl. 6836—37.
2. Barth. de Neocastro 1178—1182; die Gesandten waren zwischen dem 28. Oktober 1291 und dem 2. Februar 1292 in Genua; denn ihr Aufenthalt fiel unter den Kapitanat des Lanfranc de Suardis, der sein Amt am 28. Oktober 1291 antrat, und den Podestat des Wilhelm de Bruno, der am 2. Februar 1292 abtrat. Vgl. Jac. Auriae 335 und 340; Caro 36.

Im Januar 1292 bestätigte er ihnen ein Privileg Innocenz' IV. und fügte neue Vorrechte hinzu, indem er sie in seinen Schutz aufnahm und ihnen verbriefte, dass sie durch kein päpstliches Breve ausserhalb der Diözese Genua vor Gericht gezogen werden könnten.[1] Da sie aber ihre Beziehungen zu den Feinden des päpstlichen Stuhls fortsetzten, sah sich Nikolaus im Februar genötigt, ihnen unter Androhung der Exkommunikation jeden Verkehr und jede Verhandlung mit Jakob und den Sizilianern zu untersagen.[2]

Trotzdem verhandelten sie nach wie vor mit Jakob. Anfang April erteilte dieser seinem Gesandten Oberto di Volta Instruktionen für eine Mission nach Genua.[3] Kopien derselben sollten den Häuptern der genuesischen Ghibellinen eingehändigt werden. Der Zweck der Sendung war, Frieden, Freundschaft und Handelsverkehr wiederherzustellen, offenbar im Anschluss an die Verhandlungen des Vorjahrs, die bereits die Wege gebahnt hatten. Der Erfolg dieser Gesandtschaft giebt sich in der Bereitwilligkeit kund, mit der Genua für die Kaperung eines sizilischen Schiffes Genugthuung leistete. Als Lohn empfing Genua im Juni von Jakob neue Handelsprivilegien.[4]

Wenn die Kurie auch Genua nicht für ihre Ziele zu gewinnen vermochte, so bot ihr doch eine andere, weit stärkere Macht freiwillig wirksamen Beistand an, nämlich Frankreich. König Philipp, der zwar den Gedanken, Aragon zu erobern, nie, ausser während des kurzen Friedens mit Alfons, aufgegeben, sich jedoch stets vorsichtig zurückgehalten hatte, bat jetzt den Papst, das Kreuz gegen Aragon

---

1. Langl. 6443—45.
2. a. a. O. 6954 (= Raynaldi zu 1292, § 15—16).
3. Urkunde 7 bei Capmany IV 14; vgl. Amari II 239.
4. Jac. Auriae 343; vgl. Amari II 241—242.
5. Orlando 112—113, inseriert in 1 Urkunde Friedrichs vom 20. Juli, 4. Indiktion (1306).

predigen zu lassen und ihm zum Kriege einen sechsjährigen Zehnten von allen französischen Kircheneinkünften zu gewähren. Wenn man Philipps bisheriges laues Verhalten und die berüchtigten Mittel, mit denen er seinen Finanzen aufzuhelfen pflegte, in Betracht zieht, so regt sich der leise Verdacht, dass er auch diesmal nur die Staatskasse zu füllen, nicht ernstlich gegen Aragon vorzugehen gedachte, zumal dies jetzt mit Kastilien verbündet war.

Stieg solcher Argwohn auch in der Brust des Papstes auf, als er die Forderungen seines Verbündeten abschlug? Er selbst begründet seine ablehnende Antwort mit einem anderen Motiv, das in der That ebenso glaublich als triftig ist, mit der Befürchtung, die Kreuzpredigt gegen Aragon würde den Eifer des Königs von England für die Rettung Palästinas beeinträchtigen und so die Interessen der gesamten Christenheit aufs schwerste schädigen.[1]

Aus dieser Antwort klingt gleichsam das Leitmotiv der Politik Nikolaus' IV. hervor, das mühsame Bestreben, trotz des Kampfes gegen Sizilien und dessen Verbündete das zu vermeiden, wodurch die Sache des heiligen Landes allzu schweren Schaden leide. Er suchte zwei unvereinbare Ziele miteinander auszusöhnen, die Erhaltung der weltlichen Machtstellung des Papsttums und die Pflichten seines hohenpriesterlichen Amtes.

Da man Frankreichs Hilfe nicht annahm, blieb nichts übrig als die Verhandlungen wiederaufzunehmen. Karl II. hatte es bereits im November gethan, indem er an König Jakob zwei Gesandte abordnete.[2] Dieser ging auf die Verhandlungen ein; denn im Januar 1292 erwartete man an der Kurie mit Bestimmtheit eine aragonische Gesandtschaft.[3] Ob die Erwartung sich erfüllte, lässt sich nicht entscheiden.

---

1. Langl. 6849 (= Raynaldi zu 1291, § 56—57).
2. Memorial hist. Españ. III 458—459.
3. Langl. 7390.

Dagegen entsandte der Papst den Johanniter Bonifaz von Calamandrana nach Aragon, um König Jakob zum Verzicht zu bestimmen.[1] Das war der letzte Schritt, den Nikolaus in der sizilischen Frage that. Am 4. April schloss er nach einem an Stürmen reichen, an Erfolgen armen vierjährigen Pontifikat die Augen.[2] Die Kurie errang noch den Triumph, dass auch König Jakob das Inselland, dessen Krone er so lange getragen, preisgab, ja sogar die Waffen gegen Sizilien ergriff, wofür ihn Bonifaz VIII. durch die Uebertragung Sardiniens belohnte. Aber die nationale Kraft der Sizilianer erwies sich als unbezwinglich. Im Spätsommer 1302 wurde der Infant Friedrich, den sie nach Jakobs Verrat auf den Schild gehoben hatten, durch den Frieden von Caltabellotta als König von Sizilien anerkannt.

---

1. Barth. de Neocastro 1187. Nic. Specialis 960.
2. Potthast p. 1914. Jacobus de Voragine (Muratori IX 58) fand den Papst schon schwer krank, als er nach Rom kam, um das Pallium zu empfangen.

III.
Der Kampf um Istrien und die päpstliche Intervention.

Der Gedanke einer Kreuzfahrt hat, wie er zu wiederholten Malen auf die Politik Nikolaus' IV. in der sizilischen Frage einwirkte, auch sein Verhältnis zu der Republik Venedig bestimmt. Sein Ziel war, die venezianische Seemacht für den Glaubenskrieg zu gewinnen. Aber daran war nicht zu denken, solange die Republik mit ihrem nächsten Nachbar, dem Patriarchen von Aquileja, in erbitterte Kämpfe verwickelt war, in denen gewichtigere Interessen für sie auf dem Spiele standen als im Orient. So erwuchs der Kurie die Aufgabe, den Dogen mit dem Patriarchen zu versöhnen. Ein Seitenstück zu diesem Bestreben bildet des Papstes Versuch, den Waffenstillstand zwischen Venedig und Genua in einen dauernden Frieden umzuwandeln.[1]

Der Kampfpreis, um den die Venezianer mit dem Patriarchen rangen, war Istrien. Schon vor mehreren Jahrhunderten hatten einige Städte dieser Landschaft der Republik gegenüber bestimmte Verpflichtungen übernommen. Es ist erforderlich, einen Rückblick auf die Vorgeschichte dieser Beziehungen zu werfen.

---
1. Langl. 6782—83 (= Raynaldi zu 1291, § 23—26).

Das Rechtsverhältnis, das die Republik mit Istriens Städten verband, war ursprünglich kein Unterthänigkeitsverhältnis;[1] denn ihre Selbstverwaltung wurde dadurch in keiner Hinsicht berührt. Am besten lassen sich die ursprünglichen Verbindlichkeiten und ihre allmähliche Steigerung an dem Beispiel Capodistrias verfolgen. 932 gelobte dies, die in seinem Gebiete weilenden Venezianer vor Rechtsverletzungen zu schützen und dem Dogen „Ehrenhalber" jährlich 100 Krüge Wein darzubringen. 977 wurde das Versprechen hinzugefügt, in allen Kriegen zwischen istrischen Städten und Venedig neutral zu bleiben. Im Jahre 1145 ging nach dem Ausdruck des Geschichtsschreibers Andreas Dandolo, der als Doge gewiss mit dem venezianischen Staatsrecht vertraut war, Capodistria aus dem Tribut- in ein Treuverhältnis über: die Treue aber äusserte sich ohne Zweifel in der Verpflichtung zu kriegerischem Beistande; denn diese ist die einzige neue Bestimmung, die der Vertrag von 1145 enthält.[2]

Gleichartige Verpflichtungen lagen Parenza, Pola, Triest und anderen Städten ob.[3] Einige Gemeinden sichern

---

1. Wohl der erste, der dies erwies, war Gasparo Negri, Bischof von Parenzo († 1778), dessen „Memorie della città e diocesi di Parenzo" erst neuerdings gedruckt worden sind. Er machte auf Dandolos grundsätzliche Unterscheidung zwischen Treue und Unterthänigkeit aufmerksam (Dandolo 320 und 375). Dagegen übersah er, dass Dandolo auch zwischen Tribut- und Treuverhältnis scharf unterschied (a. a. O. 281).

2. Die 3 Urkunden über Capodistria in Fontes rerum Austriacarum B XII, nr. 10, 15, 48, herausgegeben von Tafel u. Thomas; vgl. Dandolo 281: „Justinopolitanus populus cum Insulano, qui antiquitus ducibus fuerunt tributarii, nunc fideles effecti . . . promiserunt".

3. 5 Urkunden von 1150 bei Carli p. 29—33; 2 Urkunden von 1202 in Fontes XII, nr. 96 und 97. Vgl. Dandolo 284 und 320.

den Venezianern ausserdem Zollfreiheit zu, andere versprechen, auf Korsarenschiffe Jagd zu machen und die erbeuteten der Republik auszuliefern. Aber in keiner Stadt dürfen die Venezianer Regierungsrechte ausüben.

Als dritte Entwickelungsstufe folgt auf das Tribut- und das Treuverhältnis die Unterthänigkeit. In den Jahren 1268—1271 stellen sich Parenzo, Umago, Cittànuova, San Lorenzo freiwillig unter venezianische Herrschaft. Die Wirkung des neuen Rechtsverhältnisses ist, dass die unterthänigen Städte fortan von Venedig ihren Podestà empfangen. Zahlreiche Städte folgten in den nächsten Jahrzehnten dem gegebenen Beispiel. Ihre Selbständigkeit ist damit unwiederbringlich verloren: die Republik hat in der Ernennung der Podestàs ein Mittel in der Hand, die Verwaltung der abhängigen Gemeinden nach Massgabe ihrer eigenen Interessen zu lenken.[1]

Indem Venedig die Herrschaft über eine Reihe istrischer Gemeinden übte, verletzte es die Rechte des Patriarchats von Aquileja, dem Kaiser Otto IV. nach dem Sturz Heinrichs von Andechs und dem Verzicht Herzog Ludwigs von Baiern die Markgrafschaft Istrien übertragen hatte.[2] Wenn in den Urkunden die Rechte des Patriarchen ausdrücklich vorbehalten wurden, so war das eine leere Form.

Die Thatsache, dass die Unterwerfung eine freiwillige war, bedarf einer Erklärung. Romanin[3] suchte sie in der Korsarenplage, von der die Seefahrer auf der Adria und die Anwohner dieses Meeres damals derart heimgesucht

---

1. Urkunden, in denen sich istrische Städte Venedig unterwerfen, aus den Jahren 1268—83 bei Minotto I, 1, p. 138, 140, 142; bei Kandler unter dem 21. März 1278 und 26. Januar 1283; in Documenta ad Forumjulii etc. spectantia p. 78. Vgl. Dandolo 375, 379, 382, 396.
2. Joppi, Aggiunte nr. 1.
3. Romanin II, 301.

waren, dass der Schutz der venezianischen Flotte ihnen unentbehrlich sein musste. Er erinnerte an die langwierigen Kämpfe, die selbst Venedig gegen das dalmatinische Seeräubernest Almissa zu bestehen hatte. Indessen kann die Furcht vor den Freibeutern, so sehr sie mitgewirkt haben mag, die Küstenplätze zur Anrufung des venezianischen Schutzes zu veranlassen, doch unmöglich Binnenstädte wie Valle und Montona zum Anschluss an die Republik getrieben haben. Es müssen also noch andere Gründe massgebend gewesen sein. Als ein solcher erscheint die Zerrüttung, in die Istrien durch die Fehden des Patriarchen Gregor von Montelongo mit dem mächtigen Görzer Grafen, durch die Eroberungsgelüste Capodistrias, endlich nach Gregors Tode durch die vierjährige Erledigung des Patriarchats gestürzt wurde.[1] Derartige Zustände riefen den Wunsch hervor, an einer wirklichen Macht, wie es Venedig im Vergleich zu den Herren und Städten jener Küstenlandschaften der Adria war, einen sicheren Rückhalt zu finden. Bei der Ergebung Parenzos an die Republik tritt dies deutlich zu Tage: Parenzo opferte seine Unabhängigkeit, weil es von Capodistria angegriffen wurde, und erreichte seinen Zweck, den Feind zum Rückzuge zu veranlassen, dadurch auf der Stelle.[2]

Im Jahre 1273 wurde das Patriarchat von Aquileja wieder besetzt. Es war Raimund della Torre aus dem berühmten Mailänder Guelfengeschlecht, bisher Bischof zu Como, der das Erbe Gregors antrat. Aufgewachsen in den ewigen Fehden seines Hauses mit den Visconti, hatte er sich, ungeachtet des geistlichen Standes, zu nichts anderem entwickeln können als zu einem Kriegsmann, der sein Hand-

---

[1]. Auf die Wirkungen der Sedisvakanz macht eine Stelle im Codex Ambrosianus des Dandolo (Muratori XII, 379) aufmerksam.
[2]. Dandolo 375.

werk verstand.¹ Wenn ihn jedoch ein neuerer venezianischer Geschichtsschreiber² als einen Korsaren im Priesterrock brandmarkt, so ist dies Urteil schon deshalb äusserst ungerecht, weil der angebliche Korsarenstreich, die Verbrennung Caorles und Malamoccos, gar nicht von dem Patriarchen, sondern von seinen Bundesgenossen, den Triestern, ausgeführt wurde.³ Raimund machte es sich zur Aufgabe, seinem Stift entfremdete Besitzungen und Gerechtsame wiederzugewinnen. Er verfuhr nach diesem Programm nicht nur gegenüber ritterlichen Geschlechtern, wie dem Hause Windischgrätz, und kleinen Städten, wie Treviso, sondern selbst gegenüber Achtung gebietenden Mächten: So forderte er Laibach von Meinhard von Kärnthen und Tirol, und Istrien von der Republik Venedig.⁴ Wollte man eine Parallele ziehen, so könnte man ihn mit seinem Zeitgenossen, dem streitbaren Erzbischof Konrad von Salzburg, vergleichen: Wie dieser nahm er kühn den Kampf gegen einen überlegenen, weltlichen Nachbar auf. Ob er aber die Empörung, die im Jahre 1278 in Istrien gegen das venezianische Regiment losbrach, selbst angestiftet hat,⁵ muss dahingestellt bleiben. Die älteren Quellen wissen jedenfalls nichts davon, und die eigennützige Verwaltung der Venezianer, Massregeln wie jener Beschluss des grossen Rats,⁶ der den istrischen Städten verbot, ohne die Zustimmung der Republik Abgaben auf bewegliche oder unbewegliche Güter venezianischer Bürger zu legen, reichen vollkommen aus, um den Aufruhr zu erklären. Der Patri-

---

1. Er war nach Ottokars Reimchronik „úf urliuc so kluoc" wie kein zweiter Pfaffe zu seiner Zeit (v. 34345—50).
2. Fontana I, 463.
3. Dandolo (Cod. Ambros.) 401—402.
4. Seine Forderungen an Meinhard, die Windischgrätz und Treviso bei Bianchi nr. 524, 637, 666.
5. Dies behauptet Di Franceschi.
6. Minotto I, 1, p. 140—141.

arch und der Graf Albert von Görz, der Bruder Herzog Meinhards, unterstützten die Empörer kräftig.¹ Wir wollen aus diesem Kriege nur die beiden bedeutendsten Momente hervorheben: Die Unterwerfung Capodistrias, das seitdem gleichfalls seinen Podestà alljährlich von Venedig empfing,² und die Versuche der Venezianer, auch Triest zu erobern. Schon 1279 scheinen sie Triest belagert zu haben: denn am 12. Juli d. J. zogen sie ihre Truppen von Triest zurück.³ Eine zweite vergebliche Belagerung fand unter dem Episkopat des Bischofs Ulvinus von Triest, der 1282 sein Amt antrat, statt.⁴

Im Jahre 1285 vermittelte der Bischof Fulcerius von Concordia den Frieden von Venedig.⁵ Die Hauptfrage,

1. Bündnisse des Görzer Grafen mit Capodistria vom 27. Juli 1278 in Documenta ad Forumjulii etc. spectantia p. 79—80, mit dem Patriarchen vom 7. März 1283 bei Joppi, Docum. Goriziana, nr. 47.
2. Minotto I, 1, p. 112, Dandolo 396.
3. Notiz der ungedruckten Memorie capitolari di Trieste, citiert von Seussa p. 62 und Mainati p. 216; die Autorschaft von Mainatis Buch gebührt Della Croce.
4. „cujus (Ulvini) temporibus Veneti hanc civitatem irrito conatu obsederunt". Diese gleichlautend von Mainati p. 219 und Ughelli V, 579 citierte Stelle stammt wohl auch aus den Memorie capitolari.
5. Kandler erwähnt in der chronologischen Tafel der istrischen Ereignisse, die er in seinem Codice diplomatico unter dem 13. Oktober 1289 auf S. 14 giebt, einen Frieden Venedigs mit dem Patriarchen, dem Görzer und Triest von 1281. Damit kann er nur den Vertrag von Donnerstag, dem 8. März 1281, 13. Indiktion (vgl. Marin V, 81—86) meinen. Was Marin von diesem mitteilt, stimmt mit minimalen Abweichungen in der Wortstellung und Aehnl. genau mit dem vom Bischof von Concordia vermittelten Vertrage von Donnerstag, dem 8. März 1285 (sic!), 13. Indiktion (bei Kandler) überein, namentlich in den Zeugen und dem Vermittler. Der Unterschied der Jahreszahl bei sonst

wem die streitigen istrischen Gebiete von Rechts wegen gehörten, wurde einem Schiedsgericht unterbreitet. Weit härter als der Patriarch wurde Triest behandelt: Es musste seine Hafenbefestigungen schleifen, die Belagerungsmaschinen ausliefern, erhebliche Summen zahlen und Geiseln stellen.

Die Verhandlungen des Schiedsgerichts führten zu keinem Ergebnis.[1] Der Zündstoff, der aufgehäuft blieb, entlud sich 1287 in einer neuen Empörung der istrischen Städte, denen wiederum der Beistand des Patriarchen und des Grafen von Görz zu Teil wurde.[2]

Im August 1288 aber entschloss sich Papst Nikolaus zu seinem ersten Vermittlungsversuch. Die Gesandtschaft, die Venedig kurz nach seiner Erhebung an ihn abgeordnet hatte,[3] ist mit seinem Eingreifen jedoch nicht in Verbindung zu bringen: sie sollte ihm wohl nur den üblichen Glückwunsch aussprechen. Jetzt richtete der Pontifex an die Venezianer unter Androhung kirchlicher Strafen die ernste Mahnung, dem Patriarchen von Aquileja, dem Bischof und der Gemeinde von Triest die entrissenen Besitzungen zurück-

---

gleichem Datum ist ein blosses Versehen Marins; denn Wochentag und Indiktion passen nur auf das Jahr 1285. Als Quelle für beide zweifellos identische Verträge wird das 4. Buch der Libri Pactorum angegeben. Die von Tafel und Thomas veröffentlichten Register der Libri Pactorum erwähnen aber nur zu 1285 einen Frieden der genannten Mächte. — Die Tabelle nennt auch unter 1283 eine Eroberung und einen Separatfrieden Triests; für beides finden wir keine Belege.

1. Kandler unter 22. Januar 1286 (= Minotto I, 1, p. 34—37).
2. Ueber die beiden istrischen Kriege von 1278—85 und von 1287—91 vgl. Di Franceschis Darstellung; die Romanins leidet an dem Fehler, dass er beide Kriege in einen zusammenzieht, offenbar deshalb, weil er statt der zeitgenössischen und unbedingt zuverlässigen Annales Forojulienses Marino Sanudo den Jüngeren zu Grunde legt.
3. Minotto I, 1. p. 158.

zugeben und die Truppen aus Istrien abzurufen. Rechtsansprüche, die sie auf Istrien zu haben glaubten, sollten sie binnen zwei Monaten durch einen Bevollmächtigten der päpstlichen Entscheidung unterbreiten. Der Erzbischof von Ragusa, Bonaventura, erhielt zugleich den Auftrag, nach Venedig abzugeben und die Forderungen des Papstes persönlich zu vertreten.[1] Unsere Auffassung, der Papst habe Frieden zu stiften gesucht, um der venezianischen Seemacht freie Hand für den Kampf gegen die Muselmänner zu verschaffen, gilt für diesen ersten Vermittlungsversuch nicht. Denn, wenn man eine Macht den eigenen Plänen geneigt machen will, bedroht man sie nicht mit dem Interdikt und erklärt vor allem nicht von vornherein ihre Sache für ungerecht.[2] Es wird sich zeigen, dass Nikolaus bei seinen späteren Interventionen weit rücksichtsvoller gegen Venedig auftrat. Auch ist dies leicht erklärlich: Zwischen der ersten und der zweiten Intervention liegt ein entscheidendes Ereignis, der Fall von Tripolis. Erst nach diesem schweren Schlage begannen die Interessen Palästinas auf die Haltung der Kurie in den europäischen Kämpfen einzuwirken; das zeigt sich in der istrischen Frage nicht minder als in der sizilischen. Der Vermittlungsversuch vom Jahre 1288 dagegen wurde lediglich um der bedrängten geistlichen Stifter willen unternommen. Auch steht dieser Fall keineswegs vereinzelt in der Regierung Nikolaus' IV. da: Wie für Aquileja und Triest gegen die Venezianer, ist er für den Erzbischof Siegfried von Köln gegen die Sieger von Woringen, für den Salzburger gegen Albrecht von Oestreich, für die tiro-

---

1. Die beiden Briefe an die Venezianer und Bonaventura bei Langl. 237 (= Raynaldi zu 1288, § 19—20 = Kandler unter dem 18. August 1288) und Langl. 238 (= Monum. Hungariae Diplomata Bd. 17, nr. 339).

2. „(patriarchae) per incendia et rapinas damna maxima et graves injurias inferendo" schreibt Nikolaus an die Venezianer.

lischen Bischöfe gegen Meinhard von Kärnthen eingeschritten.

Wenn der päpstliche Gesandte nach Venedig gelangt ist,[1] so fand er sicherlich kein Entgegenkommen; denn die venezianischen Rüstungen dauerten fort. In den Herbst- und Wintermonaten wurden wiederholt Anleihen zu Kriegszwecken aufgenommen.[2]

Im bisherigen Verlauf des Krieges hatte Venedig seinen Besitzstand behauptet, aber nicht vermehrt. Vergeblich hatte der Patriarch und der Graf von Görz mit Hilfstruppen Herzog Meinhards im Juni 1287 einen Feldzug gegen Capodistria unternommen und Mocco belagert. Sie mussten den Rückzug antreten. Dagegen sah sich Venedig genötigt, Marano, das schon erobert war, wieder preiszugeben. Muggia, das sich für die Dauer des Krieges unter venezianische Schutzherrschaft gestellt hatte, fiel ab, wurde jedoch im November 1288 zur Kapitulation gezwungen.[3] Im Winter wurde eine stattliche Expedition ausgerüstet. Im Januar traf man Anstalten zur Wahl eines Capitanos, Ende Februar war es an der Zeit dem Erwählten, Marino Morosini, das Banner zu übergeben; am 8. März lichtete die Flotte die Anker.[4] Sie landete vor Triest. Die Truppen wurden ausgeschifft, errichteten ein Fort, Romagna, und eröffneten die Belagerung der Stadt.

---

1. Farlati (VI, 118) behauptet es.
2. Beschlüsse der venezianischen Körperschaften vom 16. Oktober und 9. November 1288, vom 20. Januar, 6. März, 18. März, 8. April 1289 bei Minotto I, 1, p. 157—158.
3. Ann. Forojuliuses 203—204. Minotto I, 1, 157. Zwei Urkunden, die Maranos Besetzung und Verlust bestätigen, registriert Bianchi nr. 545 und 549.
4. Dandelo (Cod. Ambros.) 400; vgl. die Beschlüsse bei Minotto I, 1, p. 158.

5

Es war kein Zufall, dass die Unternehmungen der Venezianer in diesem wie in dem früheren Kriege sich vornehmlich gegen Triest richteten; denn diese Stadt war die Seemacht in der antivenezianischen Koalition. Triest konnte die Republik auf dem Meere, ihrem eigensten Element, bekämpfen und schon zu Anfang des Jahrhunderts hatte es durch kecke Piraterie den Zorn des grossen Dogen Heinrich Dandolo gegen sich heraufbeschworen. Eine venezianische Quelle sagt sehr bezeichnend, die Republik habe gegen den Patriarchen, den Görzer und die Istrier Krieg geführt, vor allem aber gegen Triest.[1] Die Bedingungen, die Venedig dieser verhassten Feindin und vielleicht auch kommerziellen Konkurrentin im Frieden von 1285 auferlegt hatte, waren einer Entwaffnung gleichgekommen: sie hatte dieselben nicht erfüllt; noch trotzten ihre Hafenbefestigungen dem Ansturm des Gegners. Der Patriarch begriff, von welch entscheidender Bedeutung es war, Triest zu retten. Er unternahm infolgedessen Ende April im Verein mit Graf Albert von Görz einen Feldzug zum Entsatze der belagerten Stadt und beschoss das venezianische Fort mit seinen Wurfmaschinen. Am 6. Mai gab er den Befehl zum Rückzug, da Graf Albert sich plötzlich ohne sein Wissen vom Heere getrennt hatte und die erprobte Treulosigkeit dieses Verbündeten einen Verrat befürchten liess.[2]

Heimgekehrt, versammelte Raimund die Stände zu Cividale und erzielte den Beschluss, dass alle Wehrfähigen zwischen 18 und 70 Jahren zu einem neuen Feldzuge gegen das venezianische Belagerungsheer herangezogen würden.

---

1. Dandolo (Cod. Ambros.) 400.
2. Ann. Forojul. 204–205. Nach Dandolo (Cod. Ambros.) 401 zog Raimund ab, weil sein Versuch, mit Hilfe eines verräterischen venezianischen Offiziers sich des Forts zu bemächtigen, entdeckt und vereitelt wurde. Ein ganz phantastischer Bericht bei Ottokar v. 34385—34724.

Die Zeit drängte: schon herrschte bitterer Mangel an Lebensmitteln in Triests Mauern.¹ Auch Graf Albert nahm an der Versammlung zu Cividale Teil: er war offenbar mit dem Patriarchen wieder einig und stellte ihm Hilfstruppen unter dem Befehl seines Sohnes Heinrich. Im Juni brach das Heer mit einem langen Zuge von Proviantwagen und Lasteseln auf. Die Venezianer warteten in der irrigen Annahme, dass der Feind weit stärker sei als das letzte Mal, nicht einmal seine Ankunft ab; eine Panik brach in ihrem Lager aus, sie flüchteten auf die Schiffe und segelten eilig davon. Den Triestern fiel in dem verlassenen Fort Romagna die reichste Beute in die Hände.²

Es war ein Erfolg, der alle Erwartungen übertraf. Jetzt, da die stolze Republik eine empfindliche Niederlage erlitten hatte, stiegen die Aussichten einer neuen päpstlichen Friedensvermittlung.

Schon im März 1289 hatte der Partriarch an Nikolaus IV. ein Verlangen gerichtet, das geeignet war, diesen in seinen Vermittlungsplänen zu bestärken. Als nämlich der päpstliche Kollektor den Patriarchen zu der Zahlung des Kreuzzugszehnten heranzog, hatte Raimund sich kurzweg geweigert und, vom Kollektor mit den Censuren bedroht, an Nikolaus appelliert.³ Er entschuldigt sich mit den schweren finanziellen Lasten, die der istrische Krieg ihm auferlege; was er vorbrachte, war die volle Wahrheit: denn er musste zu Massregeln wie dem Verkauf einer Besitzung und Anleihen bei den Florentiner Bankiers schreiten.⁴

---

1. Dies geht aus einer Urkunde vom 28. Mai 1289 bei Bianchi nr. 541 hervor; ein genaueres Regest giebt Bianchi im Archiv für Kunde österreichischer Geschichtsquellen XXIV, p. 473.
2. Ann. Forojul. 205. Dandolo (Cod. Ambros.) 401.
3. Bianchi nr. 539, genauer im Archiv XXIV, 471.
4. Urkunden vom 28. Mai 1289 und vom 21. November 1291 bei Bianchi, Indice nr. 565 und 594.

Diese Appellation musste den Papst daran erinnern, in welch hohem Masse die Kriege in Europa die Verwirklichung seiner Kreuzzugspläne erschwerten: nicht nur die Waffen der weltlichen Mächte, sondern selbst die Steuerkraft eines der reichsten geistlichen Stifter wurde durch die leidigen Konflikte der Sache des heiligen Landes entzogen. Von Europa unzulänglich unterstützt, fiel Tripolis im April 1289 dem Sultan von Ägypten in die Hände. Unter dem Eindruck dieser Katastrophe, der in allen Chroniken jener Zeit gewaltig nachhallt, machte die Kurie die grössten Anstrengungen um eine Flotte zusammenzubringen. Sie wandte sich zu diesem Zwecke an Venedig, dessen Gesandte, Marcus Bembo und Nikolaus Querini, im August 1289 — gerade um die Zeit, in der die Trauerkunde aus Syrien eintraf — in Rieti weilten, um vom Papste das Privileg zu erbitten, dass das eingezogene Vermögen der durch die Inquisition verurteilten Ketzer künftig an den venezianischen Fiscus falle.[1] Der Papst willigte ein, aber er forderte einen Gegendienst, dass nämlich die Republik ihm Kriegsschiffe überlasse. Die Venezianer erklärten sich bereit, ihm 20 mit dem erforderlichen Brod und Wasser versehene und 5 vollständig ausgerüstete Galeeren zu einer Expedition nach Syrien zu stellen; die ersteren sollten auf Kosten des Papstes in Venedig ausgerüstet werden. Um dies zu überwachen, wurde der Bischof Bernhard von Tripolis nach der Lagunenstadt entsandt.[2] Zugleich erhielt der Bischof den Auftrag, zwischen Venedig und dem Patriarchen einen Frieden oder mindestens einen Waffenstillstand zu vermitteln.[3] Es liegt nahe, zwischen den beiden Aufträgen des

---

1. Dandolo (Cod. Ambros.) 402 erwähnt die Sendung Bembos und Querinis ohne Angabe von Zeit und Zweck; beides ergiebt sich aus Langl. 1547.
2. Dandolo (Cod. Ambros.) 402; Langl. 2251 (= Raynaldi, zu 1289, § 66—67).
3. Langl. 1934—35.

Legaten einen Zusammenhang zu suchen und anzunehmen, dass die Beilegung des istrischen Krieges der Republik die Möglichkeit geben sollte, grössere Streitkräfte als die bisher bewilligten in den Orient zu senden. Diese Hoffnung der Kurie war durchaus nicht unerfüllbar, da die Venezianer soeben mit grösster Bereitwilligkeit jene 25 Galeeren angeboten hatten; dass sie die päpstliche Vermittlung, wie im verflossenen Jahre, zurückwiesen, war seit der Niederlage vor Triest völlig ausgeschlossen. Es lag dem Papste diesmal fern, eine so drohende Sprache wie bei seiner ersten Intervention gegen die Republik zu führen. Er und Venedig standen in bestem Einvernehmen: die beiderseitigen Interessen forderten, dass Venedig trotz seiner militärischen Misserfolge einen ehrenvollen Frieden und dadurch freie Hand gegen den Islam erlange, dessen Fortschritte auch die venezianische Kolonie in Akkon und ihren Handel gefährdeten.

Im Oktober eröffnete der Bischof von Tripolis die Verhandlungen mit den venezianischen Gesandten Andreas Dandolo, Johannes Cornaro, Nikolaus Querini, Roger Morosini und Ermolao Giusto in dem Kloster S. Maria Maggiore zu Treviso.[1] Die Gesandten gaben die Forderungen der Republik, der Bischof die des Patriarchen zu Protokoll. Beide Parteien waren darüber einig, die schiedsrichterliche Entscheidung über die streitigen Gebiete dem Papste anheim zu stellen. Nur ein Hindernis war nach der Ansicht des Bischofs noch vorhanden: er suchte es zu beseitigen, indem er den Venezianern erklärte, der Friede werde ohne Zweifel zustande kommen, vorausgesetzt, dass die Republik dem siegreichen Patriarchen wenigstens die erst im letzten Kriege besetzten Orte, Muggia, Moccò, Grisignana, Antignana und Vicinatus S. Petri (=Visinada?) ohne weiteres zurückgebe. Die venezianischen Gesandten nahmen diesen Vorschlag im wesentlichen an: nur sollte über Grisignana, das

---

1. Die Verhandlungen bei Kandler, unter 13. Oktober 1289.

die Republik bereits einem ihrer Anhänger übertragen hatte, das Lehnsgericht, über Antignana, das zum Gebiet von Capodistria gehörte, wie über Capodistria selbst und alle anderen vor 1285 besetzten Gebiete der Papst entscheiden. Sie seien nach wie vor bereit, sich seinem Richterspruch zu fügen, „auf dass die Unterstützung des heiligen Landes nicht gehemmt werde." Diese Worte sind bezeichnend für die Tendenz der päpstlichen Vermittlung.

Von der Antwort der Venezianer ganz befriedigt, legte der Bischof ihnen und dem Patriarchen den Entwurf eines Friedensvertrages vor, der folgende Bedingungen enthielt: Die Handelsverträge von 1254 und 1274, der Friedensschluss von 1285 werden wiederhergestellt. Der Patriarch erhält Muggia und Vicinatus S. Petri, der Bischof von Triest Moccò zurück. Ueber Grisignana entscheidet das Lehnsgericht, über sämtliche anderen streitigen Gebiete Papst Nikolaus IV., über die venezianischen Ansprüche auf Schadenersatz für konfiszierte Waren und über die Frage, ob die Hafenbefestigungen von Triest erhalten bleiben dürften, der Bischof von Tripolis. Im Geheimen aber hatte der Bischof dem Dogen und anderen venezianischen Würdenträgern bereits versprochen, die Triester zur Schleifung der Befestigungen zu verurteilen.[1] Wenn die päpstliche Diplomatie dem Hasse der Venezianer Triest opferte, so bestätigt dies die ausgesprochene Annahme, dass es ihr darauf ankam, die Republik durch die Vermittlung eines verhältnismässig vorteilhaften Friedens ihren Plänen geneigt zu machen. Der Entwurf des Bischofs von Tripolis ist niemals in Kraft getreten. Bereits nach wenigen Wochen nahm die Republik eine neue Anleihe zu Kriegszwecken auf.[2]

1. „Haec est intentio domini episcopi Tripolitani, quam ipse dixit et aperuit domino Duci . . . . in secreto, videlicet quod diffinietur, quod commune et homines de Tergesto destruant et tollant omnes muros etc." Kandler, 13. Oktober 1289, p. 8.
2. Minotto I, 1, p. 161.

Ob sie, ob der Patriarch dem Entwurf die Bestätigung versagt hat, lässt sich nicht entscheiden. Gründe zur Ablehnung der vorgeschlagenen Bedingungen sind auf beiden Seiten denkbar. Der Patriarch bestand vielleicht auf der Abtretung Grisignanas und Antignanas, während die venezianische Regierung möglicherweise schon den von ihren Gesandten gewährten Zugeständnissen ihre Billigung verweigerte und auch die Abtretung Muggias von einem Schiedsspruche abhängig machen wollte.

So dauerte der Krieg fort. Die Venezianer führten ihn nicht immer mit Glück. Im April 1290 dehnten die Triester ihre Fahrten bis in die unmittelbare Nähe Venedigs aus. Caorle und Malamocco wurden geplündert und gebrandschatzt, in Caorle auch der Podestà gefangen genommen.[1] Man beschloss infolgedessen, einen neuen Schlag gegen Triest zu führen. Im Frühjahr 1291 wurde ein Geschwader unter Marino Donato vor dem Triester Hafen stationiert, um der Stadt die Zufuhr abzuschneiden und sie durch den Hunger zur Ergebung zu zwingen.[2] Am 27. April wurde bestimmt, dass vor Triest 2 Galeeren und 4 kleinere Fahrzeuge stehen sollten.[3] Ob auch zu Lande die Blokade eröffnet wurde, ist nicht überliefert.

Einen Erfolg für die Republik bedeutete es, dass die Edeln von Camino im Juli 1291 sich und ihre Besitzungen unter ihren Schutz stellten. An der Burg Motta am Livenzafluss, die den Camino gehörte, gewannen die Venezianer einen Stützpunkt in Friaul, der Hauptlandschaft des

---

1. Ann. Forojul. 205. Dandolo (Cod. Ambros.) 401. Nach Löwenthal (I, 31) fanden diese Ueberfälle unmittelbar nach dem Entsatz Triests (1289) statt; er übersieht die Zeitangabe in den Ann. Forojul.
2. Minotto I, 1, p. 170.
3. a. a. O. 177.

Patriarchats. Sie verwüsteten dieselbe von Motta aus wiederholt.[1]

Von noch grösserer Bedeutung war es, dass es ihnen gelang, Padua auf ihre Seite zu ziehen. Padua hatte sich im Jahre 1283 an der Hafensperre beteiligt, die der Patriarch und Treviso gegen die venezianischen Schiffe verhängten.[2] Das erste Zeichen einer Besserung des Verhältnisses zwischen beiden Gemeinden war, dass die Paduaner für das Jahr 1290 zum ersten Male seit einem Jahrzehnt einen Venezianer, Thomas Querini, zum Podestà erwählten.[3] Während seines Amtsjahrs und vermutlich auf sein Betreiben einigten sich Venedig und Padua, die Beschwerden, die sie gegen einander zu erheben hätten, einem Schiedsgerichte vorzulegen.[4]

Im Sommer 1291 kam es zum Abschluss eines Bündnisses auf die Dauer von 9 Jahren: in diesem Vertrage versprach Venedig den Paduanern Schutz gegen jeden Angriff und erhielt dafür die Zusicherung bewaffneter Hilfe in allen Kriegen in Istrien, Friaul und Dalmatien.[5] Nach dem Wortlaut des Vertrages war Padua verpflichtet, sich an dem Kampfe gegen den Patriarchen und seine Verbündeten zu beteiligen; am 15. Juni wurde im grossen Rat zu Venedig der Antrag gestellt, die paduanische Hilfe in Anspruch zu nehmen.[6] Der Antrag wurde nicht angenommen. Offenbar wollte man den Paduanern Zeit lassen, zuvor eine Schlichtung des Streits zu versuchen.

Im September erschien eine paduanische Gesandtschaft in Udine, der Residenz des Patriarchen. Wenn dieser ihre

---

1. Marino Sanudo der Aeltere (Bongars II, 47). Verci IV, Dokument 328.
2. Ann. Forojul. 201.
3. Podestàkatalog bei Muratori VIII, 383.
4. Indices librorum pactorum, bei Tafel und Thomas p. 141.
5. Verci IV, 327 (= Minotto, I, 1, p. 154—155).
6. Minotto I, 1, 183.

Vermittlung bereitwillig annahm,[1] so bestimmte ihn dazu vermutlich die Erwägung, dass er, falls er ablehne, der vereinten venezianischen und paduanischen Macht gegenüberstehen werde.

Ungefähr gleichzeitig griff der Papst zum dritten Male ein. Wie zwei Jahre früher der Fall von Tripolis, so gemahnte ihn diesmal der Untergang Akkons an seine Aufgabe, ein Friedensfürst zu sein. Er beauftragte den Bischof von Orvieto, Franz de' Monaldeschi, zwischen Venedig und seinen Gegnern zu vermitteln, damit die Sache des heiligen Landes keinen Schaden nehme.[2] Diese Erwägung war also auch jetzt das Motiv, das die päpstliche Politik leitete. Monaldeschi reiste nach Venedig; im November ermächtigte der grosse Rat den Rat der Vierzig und das „Consilium rogatorum", über die Angelegenheiten Beschlüsse zu fassen, die mit dem Bischof von Orvieto zu verhandeln seien.[3] Der Verlauf der Verhandlungen ist nicht bekannt. Wahrscheinlich hatten die Paduaner bereits eine Einigung zustande gebracht, als der Bischof an seinem Bestimmungsorte eintraf.

Am 11. November 1291 wurde zwischen Venedig einerseits, dem Patriarchen, dem Grafen von Görz und den Triestern andererseits in Gegenwart des Podestàs von Padua, Lambertino de' Frescobaldi, der Friede von Treviso abgeschlossen.[4] Er beruhte im wesentlichen auf jenem Entwurf, den der Bischof von Tripolis einst abgefasst hatte. Dennoch war die Kurie und ihr Vertreter, der Bischof von Orvieto, vollkommen unbeteiligt. Die Vertragsurkunde wie

---

1. Bianchi nr. 590, genauer im Archiv XXVI, 236—237.
2. Langl. 6790.
3. Minotto I, 1, p. 187.
4. Kandler unter 11. Novemb. 1291 (= Minotto I, 1, 40—43); vgl. Ann. Forojul. 206, Chron. Patavin. 1151, Dandolo (Cod. Ambros.) 403.

die Chronisten gedenken lediglich der paduanischen Vermittlung. Die Venezianer gaben Muggia und Castelvenere dem Patriarchen von Aquileja, Mocco dem Bischof von Triest zurück; Buje und Due Castelli, zwei Orte, die gleichfalls von den Venezianern besetzt worden waren, erhielten ihre alte Unabhängigkeit wieder. Die einst geschlossenen Verträge wurden erneuert, die Entscheidung über die Gebietsstreitigkeiten dem Papste, über die venezianischen Entschädigungsansprüche den Bischöfen von Padua und Castella übertragen. Falls der Papst keine Entscheidung fälle, solle der Kampf doch bis mindestens ein halbes Jahr nach der Wahl seines Nachfolgers ruhen: empöre sich eine der istrischen Besitzungen des Patriarchen oder der Republik, so sei der andere Teil verpflichtet, auf Verlangen zur Unterdrückung des Aufstandes mitzuwirken. Triest solle seine Hafenbefestigungen zerstören.

Der Schiedsspruch Nikolaus' IV. ist nicht erfolgt. Bei dem schleppenden Geschäftsgang an der Kurie pflegten die Angelegenheiten lange hingezogen zu werden; dann kam der Tod des Papstes dazwischen. Thatsächlich blieben die Venezianer im Besitze, der ihnen 1310 von dem Patriarchen Ottobuono, dem zweiten Nachfolger Raimunds della Torre, gegen einen halbjährlichen Zins bestätigt wurde.[1]

---

1. Romanin II, 316—317.

Anhang.

Die Sendung des Bischofs von Saragossa und des Abts von Sinaqua im Sommer 1289.

Die Sendung des Bischofs Hugo von Saragossa und des Cistercienserabtes Bernhard von Sinaqua verdient durch ihre politische Bedeutung mehr Beachtung, als sie bisher gefunden hat. Amari und Schirrmacher erwähnen sie nicht. Ein Geschichtsschreiber des 16. Jahrhunderts, Zurita, gedenkt ihrer, aber weder erschöpfend, noch ohne Missverständnis.

Rymers Foedera (Bd. 1. Teil II) enthalten folgende Urkunden, die auf die Prälatengesandtschaft Licht werfen:

1. einen Brief des Bischofs an Karl II. vom 5. September 1289 (S. 713).
2. einen Brief Alfons' III. an Karl II. vom 7. September 1289 (S. 713).
3. eine Urkunde Alfons' III. vom 7. September 1289, in der die Frist für Karls Rückkehr in die Haft um ein halbes Jahr verlängert wird (S. 713).
4. einen Brief des Bischofs an Karl II. vom 19. Oktober; die ausgelassene Jahreszahl ist 1289 (S. 668).
5. einen Brief Alfons' III. an Karl II. mit dem unrichtigen Datum: 21. Oktober 1288; die Jahreszahl ist in 1289 zu verbessern; denn Karl wird als König von Jerusalem angeredet, ein Titel den er erst seit seiner am 29. Mai 1289 erfolgten Krönung anstatt der früheren Bezeichnung „Prinz von Salerno" empfing. (S. 668).

6. einen Brief Karls II. an Alfons III. vom 1. November 1289 (S. 717—718).
7. einen Brief Alfons' III. an Eduard I. vom 24. November 1289 (S. 722).
8. einen Brief Alfons' III. an Eduard I. vom 4. Januar 1290 (S. 723—725).

Welche Aufträge hatten nun die beiden Prälaten am aragonischen Hofe zu erfüllen? König Alfons giebt in seinem Briefe vom 7. September darüber Auskunft:

„Serenitati vestrae significamus nos vidisse tractatum pacis ac concordiae, quem venerabilis Caesaraugustanus episcopus et abbas Sinaque nobis ex parte vestra nuperrime obtulerunt."

und:

„super dilatione vero, quam episcopus et abbas predicti a nobis vestro nomine petierunt, vobis respondemus."

Also zweierlei Aufträge hatten die Gesandten: Erstens König Alfons einen Friedenstraktat zu unterbreiten und zweitens einen Aufschub für die Erfüllung der Campfrancher Bedingungen nachzusuchen. Sämtliche andere Urkunden bestätigen dies in unzweideutiger Weise. Die zweite Frage ist: Welches war der Inhalt des vorgelegten Friedenstraktats? Sicherlich kann er weder mit dem Abkommen von Campfranch noch mit dem von Gaëta identifiziert werden: denn keiner dieser beiden Verträge hat Anspruch auf die Bezeichnung „tractatus pacis", den die Urkunden dem von den zwei Prälaten überbrachten Schriftstück übereinstimmend beilegen. Der Vertrag von Gaëta war nur ein Waffenstillstand und wird demgemäss von Karl II. am 1. November 1289 korrekt als „tractatus treugarum circa finem Augusti .... initus" bezeichnet. Die Uebereinkunft von Campfranch enthielt nicht einmal einen Waffenstillstand, geschweige denn einen Frieden: sie nahm beides nur in Aussicht. Die Verträge von Gaëta und Campfranch sind also von unserem Friedenstraktat streng zu scheiden.

Über den Inhalt des letzteren finden wir zunächst zwei unbestimmte Andeutungen: Am 24. November und in den gleichen Ausdrücken am 4. Januar schreibt Alfons mit Bezug auf ihn:

„intellectis pacis tractatibus, licet difficiles viderentur." Die Bedingungen waren also, vom aragonischen Standpunkt aus betrachtet, ungünstig.

Den anderen Fingerzeig geben die beiden Briefe des Bischofs und des aragonischen Königs vom September 1289; sie heben übereinstimmend hervor, dass Alfons bereit sei, seinen Bruder, König Jakob von Sizilien, zur Annahme des Friedentraktats anzutreiben. Hieraus ist zu schliessen, dass für die Ausführung des Traktats Jakobs Zustimmung von besonderem Werte war.

Den entscheidenden Aufschluss erteilt Karls Brief vom 1. November, in dem er die Vorgänge seit seiner Freilassung rekapituliert und unter anderem erzählt, er habe bei Gelegenheit der Waffenstillstandsverhandlungen von Gaëta einen Friedenstraktat in König Jakobs Lager gesandt:

„In ipsarum vero treugarum . . . discussione tractatûs ad verbum Rogerii de Lauria militis nobilem virum Ugonem Bretennae et Lucii comitem et Johannem Scottum . . . misimus ad ejusdem vestri fratris exercitum, qui practactum pacis tractatum eidem Rogerus (vielmehr: Rogerio) seriosius retulerent (vielmehr: retulerunt). Sic tamen . . . fuit . . . praefato Rogerio dictorum comitis et Johannis Scotti expositio taediosa, quod idem frater vester et praefatus Rogerius dixerunt breviter et aperte, tractatum pacis ipsius se numquam tempore completuros. Ita, quod . . . dum per aliquos hujusmodi proterva responsio reprehensionem acciperet, fuit eis per eundem Rogerium inculcata responsio, quod, si Catalonia et Aragonia et totus mundus contra ipsos signum crucis assumerent propter hoc, non dimittent Siciliam, nisi exinde viribus extrahantur".

Diese Antwort Rogers di Loria, er wie sein König werde Sizilien nimmer verlassen ausser durch Waffengewalt gezwungen, ist der Schlüssel zu dem Inhalt des Friedenstraktats, der ihm durch Graf Hugo von Brienne und Lecce und Johann den Schotten vorgelegt wurde. Zu einer solchen Erwiderung hatte der Admiral nur dann Anlass, wenn der Traktat die Bedingung enthielt, dass Jakob aus freiem Willen auf Sizilien verzichte. Der wesentliche Inhalt dieses Friedenstraktats ist also ganz ausser Zweifel und längst von Amari (II, 206) richtig bezeichnet worden. Was aber noch erübrigt, ist, das Verhältnis dieses „tractatus pacis" zu demjenigen zu untersuchen, den die beiden Prälaten nach Aragon brachten. Das Wort „practactus", das in Karls Bericht über die Friedensverhandlung vor Gaëta zu „tractatus pacis" hinzugesetzt ist, bietet keinen brauchbaren Hinweis; denn die vorhergehenden Teile des Berichts sprechen nur in vagen Ausdrücken von Karls Bemühen, irgend einen Frieden, nicht einen unter bestimmten Bedingungen zustande zu bringen. Dennoch scheint es uns gewiss, dass beide Friedenstraktate, der durch die Prälaten nach Aragon gebrachte und der in Jakobs Lager vor Gaëta gesandte, identisch sind. Denn es wäre widersinnig, wenn Karl II. Jakob einen anderen Friedensvertrag vorgelegt hätte als eben den, dessen Annahme durch denselben König Jakob die Prälaten in Karls Namen Alfons zu bewirken baten. Chronologisch stimmt alles aufs beste überein; Bischof und Abt gingen frühestens, während Karl an der Kurie weilte (Mai bis Juni 1289), nach Aragon ab; denn Karl schreibt am 1. November, ihre Sendung sei ihm durch seine Freunde an der Kurie während seines Aufenthaltes daselbst angeraten worden. Sie trafen vor dem 5. September in Barcelona ein; denn an diesem Tage berichtet der Bischof aus der katalonischen Hauptstadt an König Karl. Der Waffenstillstand von Gaëta wurde aber Ende August abgeschlossen; die Zeugnisse der Chroniken, die dies berichten, bestätigt Karls Brief vom 1. November 1289. Noch vor Ablauf des Monats August verliessen die Kontrahenten die Gegend von Gaëta (Barth. de Neocastro 1156). Also fällt die Friedensverhandlung vor Gaëtas Mauern in dieselbe Zeit, in der Karls Gesandte dem König von Aragon einen Friedensvertrag vorlegten. Schwerlich lassen sich Gründe finden, aus denen Karl gleichzeitig an zwei verschiedenen Stellen verschiedene Traktate vorgelegt haben kann.

Erinnern wir uns jetzt der beiden oben erwähnten Andeutungen über den Inhalt des nach Aragon gesandten Traktats. Er erschien Alfons „difficilis" und auf Jakobs Zustimmung wurde besonderer Wert gelegt. Beide Andeutungen sind voll begründet, wenn der Traktat die Bedingung enthielt: „Der Infant Jakob verzichtet auf das Königreich Sizilien." Enthielt er sie aber, so ist er mit dem bei Gaëta vorgelegten identisch.

Der Verzicht Jakobs war ja die alte Forderung der Kurie, und in der That bezeugt Karl am 1. November 1289, dass die Sendung des Bischofs und des Abts unter dem Einflusse der Kurie erfolgte:

„Habuerit amicorum nostrorum de curia Romana consilium, quod per . . . Caesaraugustanum episcopum et . . . abbatem Sinaque termini concessi nobis . . . prorogatio peteretur."

Wie das Gesuch um den Aufschub mag auch der Friedensvertrag auf den Rat dieser Freunde an der Kurie entworfen worden sein!

Zum Schluss noch ein Wort über Zuritas Bericht, der vermutlich aus den ihm eröffneten Urkundenschätzen der aragonischen Archive geschöpft ist: er erzählt (I. fol. 339), im Vertrage von Gaëta sei ausbedungen worden, dass die Frist für König Karl bis zum 1. Mai 1290 verlängert werde, und deshalb habe Karl den Bischof und den Abt mit dem

Gesuch um diesen Aufschub nach Aragon entsandt.[1] Abgesehen davon, dass Zurita den Friedenstraktat nicht erwähnenswert findet, scheint er auch die Urkunden missverstanden zu haben. Denn, wie unsere chronologische Untersuchung gezeigt hat, befanden sich die Prälaten bereits am 5. September, d. h. 12 Tage nach dem Vertrage von Gaëta, in Barcelona, während der Eilbote, der die Nachricht von König Alfons' Tod von Barcelona nach Messina brachte, unverhältnismässig mehr Zeit, nämlich 18 Tage, brauchte (Barth. de Neocastro 1172). Ausserdem spricht die Reihenfolge, in der Karl am 1. November die Ereignisse darstellt, durchaus dafür, dass die Abreise der beiden Gesandten vor seinem Eintritt in sein Land, d. h. spätestens Ende Juni, erfolgte, also lange, ehe der Waffenstillstand von Gaëta abgeschlossen wurde. Letzterer wird demnach von Zurita mit Unrecht in Verbindung mit der Prälatengesandtschaft gebracht.

Der bedeutsame Erfolg dieser Mission schien uns eine eingehende Untersuchung zu rechtfertigen. Denn durch die beiden geistlichen Herren wurde zuerst erreicht, was sich nach Amaris Auffassung schon in Oléron vollzogen haben sollte: Die Preisgebung Siziliens durch den König von Aragon. Aber auch hier ist der Abfall noch kein unbedingter, wie später in Tarascon; denn der Bischof von Saragossa teilt am 5. September Karl II. mit, Alfons habe den Friedenstraktat zwar angenommen, jedoch mit der beachtenswerten Klausel:

„Dummodo placeat fratri suo."

---

1. Bofarull III, 582 erzählt Zuritas Bericht ungeprüft nach.

Verzeichnis abgekürzt citierter Schriften:

Amari, La Guerra del Vespro siciliano. 9. Ediz. (1886.) 3 Bde.
Ann. Forojul. = Annales Forojulienses (Monumenta Germaniae Scriptores XIX, 194 ff.)
Ann. Toledan. = Annales Toledanos (Florez, España sagrada XXIII).
Ann. Mantuan. = Annales Mantuani (Monumenta Germaniae Scriptores XIX, 19 ff.)
Bartholomaeus de Cotton, Historia Anglicana (Rerum Britannicarum medii aevi Scriptores Nr. 16).
Bartholomaeus de Neocastro, Historia Sicula (Muratori Scriptores XIII, 1013 ff.)
Bianchi, Giuseppe: Indice dei Documenti per la Storia del Friuli.
Bofarull y Broca, Antonio de: História critica de Catalua Bd. III.
Boutaric, La France sous Philippe le Bel.
Bréquigny, Table chronologique des diplômes etc. concernants l'histoire de France. VII.
Capmany, Memorias históricas de Barcelona. IV.
Carini, Gli archivi e le biblioteche di Spagna in rapporto alla storia d'Italia. Teil II.
Carli, Appendici di Documenti spettanti alla parte quarta delle Antichità italiane.
Caro, Georg: Die Verfassung Genuas zur Zeit Podestats.
Chron. Patavin. = Chronicon Patavinum (Muratori, Antiquitates IV., 1119).
Chron. Suessan. = Chronicon Suessanum (Pelliccia, Raccolta di varie cronache I, 61 ff).

Cont. Brabant. = Continuatio Brabantina Martini Oppaviensis (Monumenta Germaniae Scriptores XXIV, 259).
Crónica del Rey Don Sancho el Bravo (Biblioteca de Autores Españoles) Bd. LXVI.
Dandolo = Andreas Dandulus, Chronicon Venetum (Muratori Scriptores XII, 13).
Documenta ad Forumjulii etc. spectantia (Atti e memorie della società istriana di archeologia e storia patria IX)
Farlati, Illyricum sacrum VI.
Fontana, Storia popolare di Venezia I.
Franceschi, Carlo di: L'Istria.
Gams, Series episcoporum.
Gesta comit. Barcinon. = Gesta comitum Barcinonensium (bei De Marca, Marca Hispanica).
Gregorovius, Geschichte der Stadt Rom im Mittelalter. IV.
Guillaume de Nangis, Chronique latine, ed. Géraud. 2 Bde.
Jac. Auriae = Jacobus Auriae, Annales Januenses (Monumenta Germaniae Scriptores XVIII. 288 ff.)·
Jacobus de Voragine, Chronicon Genuense (Muratori, Scriptores IX, 5 ff.).
Jordanus, (Paulinus Minorita), Speculum (Muratori, Antiquitates IV, 951ff.).
Joppi, Vincenzo: Aggiunte inedite al codice diplomatico Istro-Tergestino.
Joppi, Vincenzo: Documenti Goriziani (Archeografo Triestino XII).
Kandler, Codice diplomatico Istriano (ohne Numerierung der Bände, Seiten u. Documente).
Kaltenbrunner,· Aktenstücke zur Geschichte des deutschen Reiches unter Rudolf I und Albrecht I. (Mitteilungen aus dem Vaticanischen Archiv. I.)
Langl. = Langlois, Régistres du pape Nicolas IV. (Bibliothèque des Ecoles françaises de Rome et d'Athènes. 2. Série.)
Löwenthal, Geschichte Triests. I.
Mainati, Storia di Trieste. I.
Malvec. = Jacobus Malvecius, Chronicon Brixianum (Muratori, Scriptores XIV, 777.)
Marin, Storia del commercio di Venezia V.

Mas Latrie, le comte de: Histoire de l'île de Chypre II.

Memorial histórico español (Coleccion de documentos que publica la real academia de la história) Bd. III.

Memoriale potest. Regin. = Memoriale potestatum Regiensium (Muratori, Scriptores VIII, 1073)

Minotto, Acta et Diplomata e regio tabulario Veneto Bd. I, Teil 1.

Muntaner, Ramon: Chronik, aus dem Catalanischen ins Deutsche übersetzt von K. Lanz. 2 Bde.

Negri, Gasparo: Memorie della città e diocesi di Parenzo (Atti e memorie della società istriana di archeologia e storia patria. Bd. II u. III).

Nic. Specialis = Nicolaus Specialis, Historia Sicula (Muratori, Scriptores X, 917).

Orlando, Codice di leggi e diplomi siciliani del medio evo.

Ottokar von Steiermark, Reimchronik (Monumenta Germaniae, Deutsche Chroniken Bd. V).

Potthast, Regesta pontificum Romanorum. II.

Prou, Les régistres du pape Honorius IV. (Bibliothèque des écoles françaises de Rome et d'Athènes. 2º Série).

Ranke, Weltgeschichte VIII.

Raynaldi = Raynaldus, Annales ecclesiastici Bd. XXIII., ed. Theiner.

Redlich, Eine Wiener Briefsammlung zur Geschichte des deutschen Reiches in der 2. Hälfte des 13. Jahrhunderts (Mitteilungen aus dem Vaticanischen Archiv II).

Romanin, Storia documentata di Venezia II.

Rymer, Foedera et acta publica Angliae. Bd. I, Teil II. (London 1816).

Sanudo, Marino, der Aeltere: Historia Hierosolymitana (Bongars, Gesta Dei per Francos II, 1 ff.).

Sanudo, Marino, der Jüngere: Vite de' duchi di Venezia (Muratori, Scriptores XXII, 405 ff.)·

Schirrmacher, Geschichte Spaniens. Bd. IV V·

Scussa, Storia di Trieste.

Syllab. = Syllabus membranorum ad Siciliae archivum pertinentium II.

Tafel u. Thomas, Der Doge Andreas Dandolo und die von demselben angelegten Urkundensammlungen. Mit den Registern des Liber Albus, des Liber Blancus und der Libri pactorum (Abhandlungen der Bairischen Akademie 3. Klasse, Band VIII).

Testa, De vita et rebus gestis Frederici II, Siciliae regis. II.

Ughelli, Italia sacra V.

Vaissète, Histore générale de Languedoc IV., Urkundenanhang.

Verci, Storia della Marca Trevigiana IV, Urkundenanhang.

Voragine, Jacobus de: Chronicon Genuense (Muratori, Scriptores IX, 5 ff.).

Villani, Giovanni: Historie Fiorentine, ed. Dragomanni I.

Walther de Hemingford: Historia de rebus gestis regum Angliae, ed. Hearne. 2 Bde.

Wilken, Geschichte der Kreuzzüge.

Zurita, Añales de la corona de Aragon. I.